三全育人视域下高校管理模式创新探究

邱　玮　著

中国原子能出版社

图书在版编目（CIP）数据

三全育人视域下高校管理模式创新探究 / 邱玮著
. --北京：中国原子能出版社，2024.8
ISBN 978-7-5221-3359-1

Ⅰ. ①三… Ⅱ. ①邱… Ⅲ. ①高等学校–学校管理–
管理模式–研究–中国　Ⅳ. ①G649.21

中国国家版本馆 CIP 数据核字（2024）第 077888 号

三全育人视域下高校管理模式创新探究

出版发行	中国原子能出版社（北京市海淀区阜成路 43 号　　100048）	
责任编辑	张　磊	
责任印制	赵　明	
印　　刷	北京九州迅驰传媒文化有限公司	
经　　销	全国新华书店	
开　　本	787 mm×1092 mm　1/16	
印　　张	12.5	
字　　数	190 千字	
版　　次	2024 年 8 月第 1 版　2024 年 8 月第 1 次印刷	
书　　号	ISBN 978-7-5221-3359-1　　　　**定　价　68.00** 元	

发行电话：**010-88821568**

前　　言

　　"管理育人"作为三全育人"十大"育人体系之一，是推动其他育人体系良性运转的基础和保障。新时代的管理育人工作，不能简单地将管理服务与之相提并论，也不能简单地从管理职能出发思考，而应充分结合中国国情，构建党治、法治、德治、技治、共治为一体的中国特色高校管理模式。"党治"统筹协调促发展，"法治"治权治校稳秩序，"德治"感化教化养德行，"技治"科学快捷提效能，"共治"自治为基强共管。此外，高校应抓好管理育人的三个关键因素，即管理者的选任与使用、科学完善的规章制度、科技智能的管理设施及系统。逐步打造"共建、共治、共享"的学校治理格局，在管理中实现育人目标。

　　三全育人理念为高校开展教育工作提供了指导思想和基本遵循。基于三全育人理念对高校管理育人模式进行探究，提出转变管理育人理念、提升高校育人主体的育人能力，优化高校管理的育人方案、及时为学生提供科学的指导，以活动促进管理育人、引领学生践行积极的价值理念等策略，从而提升高校管理育人的实效性。本书从三全育人综述基础介绍入手，针对高校三全育人管理进行了分析研究。另外对三全育人视域下高校教学管理模式和行政管理模式做了一定的介绍。此外，还对三全育人视域下师资管理模式和学生管理模式创新做了研究。

本书整体架构清晰明了，逻辑顺畅，条理分明，语言朴实而严谨，符合读者的阅读习惯。在写作的过程中，作者参考了很多专家与学者的研究成果，在此对他们表示衷心的感谢。随着现代教育技术的快速发展，新的管理模式在不断涌现，加之本人经验有限，书中难免会存在疏漏和不当之处，恳请同行与读者提出宝贵意见。

作　者

2023 年 11 月

目　　录

第一章　三全育人综述

第一节　三全育人概述

一、"三全育人"的基本内涵

所谓"三全育人"是指全员育人、全过程育人、全方位育人。"三全育人"内涵丰富，兼具理念引领和实践导向。具体来说，"全员育人"强调的是育人支持系统，是最具能动性的育人要素，包括学生本人、家庭成员、学校教职员工、社会力量等；"全过程育人"强调的是育人的时空轨迹，是最具可塑性的，从时间上来看包括从学生入学到毕业，从空间上来说包括对学生开展教育、管理、资助帮扶等各个环节；"全方位育人"强调育人成效的全面性，既包括第一课堂、第二课堂、网络空间等立体育人场域，也包括德育、智育、体育、美育、劳育的全面育人指向。

（一）全员育人

全员育人，强调的是施教者的范围。对学生进行思想政治教育，不仅是学校的事，家庭、社会乃至学生自身都是思想政治教育的施教者。"全员育人"指高校全体教职工都应该参与育人工作，强化育人意识和育人责任，自觉将育人要求和育人要素落实到各群体、各岗位上去，通过多种途径对大学生进行思想政治教育。这里的"全员"既包括党员领导干部、思想政治理论课教师、辅导员班主任、心理健康教育教师、就业指导教师等党建和思想政治工作队伍，也包括直接对学生进行知识教育的全体专业课教师，以及间接对学生产生价值影响的管理教辅人员和后勤服务人员等，同时也应涵盖学生自身、校友和校外人士，形成全学校、家庭、社会、学生"四位一体"的育人共同体。

从学者们关于"三全育人"的内涵阐述方面看，全员育人的要素是人，强调育人主体由"单"变为"全"，拓宽范围，与学生成长相关的群体都要有育人意识，承担育人职责，发挥育人作用。教师的本职是教书育人，既要向学生传播科学文化知识、正确的思想、真理，又要塑造学生的品格、品行、品位，帮助学生健康成长、成人。无疑，教师已成为全员育人的主体。而对育人对象产生教育影响的不仅包括学校的教师主体，还有学校的管理、服务岗位上的教职工和学生群体，及以父母为中心的血缘关系的亲属团体和社会主体。传统思想中过分强调教师"传道、授业、解惑"的职责和任务，忽视了其他主体对学生成长的影响和引导，导致对学生的思想政治引导过多集中于学校、课堂，形式单一，效果有限。"全员育人"扩大了育人范围，形成育人共同体，客观上也推动了社会成员道德意识的加强。

（二）全过程育人

全过程育人是从时间维度提出的育人要求，强调大学生的思想政治教育是一个贯穿始终的过程。将立德树人的要求融入学校教育教学、学生成长成才、教师成长发展的全过程，建立大学生从入学到毕业、就业的全过程育人环节，甚至是推进至大中小学一体化发展，建立长时段、可持续、贯穿式的育人链条。学生从一进校门到毕业，从每个学期开学到结束，从双休日到寒暑假，学校都应精心安排思想政治教育，不能出现空白点，思想政治教育要贯穿大学生就学全过程。

全过程育人，强调遵循学生成长规律，体现了对大学生阶段特点及心理变化的关注。人的身心发展具有顺序性、阶段性和特殊性等特征，不同年级学生的身心发展、学习需求、思想道德具有不同特征，新生更关注大学生活的适应，大三、大四的学生更关注就业、升学等，应该对不同阶段的学生开展不同类型的思想教育工作，针对学生的特点和需求，有的放矢，既强调学生从基础教育到高等教育的衔接性和持续性；又强调遵循学生成长规律，深入研究学生身心发展特点，做好阶段性育人工作；强调教育内容、方法、载体等要素的适当选择、灵活运用，使育人主体和育人对象达成思想上的交流、情感上的共鸣，使育人对象在德、智、体、美、劳方面得到全面发展。

（三）全方位育人

全方位育人是从空间维度提出的育人要求。全方位育人，是指形成从上到下的纵向育人空间，通过多种有效的教育方式和手段，形成由内而外的横向育人空间。打通校内校外、课内课外、线上线下等通道，充分利用各种教育资源和载体，将思想政治教育渗透到课堂教学、科学研究、学生管理和社会实践等各方面，实现育人工作的协同联动。具体来说，全方位育人就是以立德树人为中心，使育人主体协同配合，充分利用各种育人资源、育人要素，营造有利的育人环境，带领学生走入各种含有育人功能的环境中，使学生德智体美劳等各方面得到全面发展。

全方位育人具有丰富的内涵，包括教育教学思维方法的立体性，教育教学方式与手段的多样性、层次性，教育教学内容的全面性、系统性与整体性等。教育教学思维方法的立体性是强调在思想政治教育过程中，要教育学生多角度、全方位，全面、整体、综合地看问题，就是要跳出点、线、面的限制，能从上下左右、四面八方去思考问题的思维方式，也就是要"立起来"思考问题。教育教学方式和方法的多样性是强调要充分运用各种方式和手段开展思想政治教育工作，教育教学的方式和方法既不能过于单一，也不能过于落后与守旧。教育教学方式和方法的层次性是强调我们在思想政治教育工作中使用的方式和方法要有系统性和层次性，针对不同的教育对象和不同的教育内容要选择不同系统和层次的方式和方法，不能随意使用。教育教学内容的全面性、系统性与整体性是强调思想政治教育的内容应该是全面的、成体系的，而且能相互联系成为一个整体，而不是片面的、碎片化的，甚至相互割裂、相互孤立的。

从对"三全育人"的内涵剖析可以看出，"三全育人"作为一种教育理念，并不局限于德育这个范畴，而是指在整个教育过程中，教育者对受教育者进行的一种立体的、全方位的教育。从宏观层面来说，"三全育人"是党和国家推进新时代高校思想政治工作的战略性方针。教育部做出"三全育人"综合改革试点的工作部署，既是对高校思想政治工作规律的深刻总结，也是从落实高校立德树人这一根本任务出发，围绕"如何育人"这一主题进行的全局思考、系统设计、整体推进。将"三全育人"上升为教育政策方针，主要是着眼于完善和优化教育行政部门和高校现行的育人政策设计，从政治方向、政策导向和价值取向上要求高校积极推行"三全育人"改革，将"三全育人"贯穿办学治校各领域、教育教学各环节、人才培养各方面，构建"十大育人"体系。

从中观层面来说，"三全育人"是指高校从责任主体、经费支持、队伍建设、制度保障、评价监督等方面构建的思想政治工作体制机制。高校是否建立了科学、合理、务实、有特色的"三全育人"体制机制，并将其贯穿学科体系、教学体系、教材体系、管理体系建设中，关乎"三全育人"的氛围营造、路径选择、格局形成和成效取得。高校是落实"三全育人"的中枢系统，只有充分发挥高校"三全育人"体制机制的功能，才能统一育人共识、整合育人资源、形成育人合力。

从微观层面来说，"三全育人"侧重于指导高校教师将这一理念及方法贯穿教育教学全过程。只有高校教师从思想深处意识到自己应尽的育人职责，将"三全育人"的理念自觉融入工作中，并深入把握"三全育人"的方法论要领，"三全育人"才能落到实处。因此，从这个意义上讲，"三全育人"的精髓在于其先进的理念价值和方法论意义，形成"三全育人"格局，关键是理念要深入人心、方法要深得要领。

二、"三全育人"的核心要义

三全育人是一项系统工程，"三全育人"重心在"全"，要求实现"教"与"育""管"与"育""服"与"育"的融会贯通，这是其深刻的内在含义。

（一）育人为本，致力于培养有健全人格和全面素质的时代新人

育人为本是教育的生命和灵魂，是教育的本质要求和价值诉求。育人为本的教育思想，要求教育不仅要关注人的当前发展，还要关注人的长远发展，更要关注人的全面发展；不仅要关注被育之人、育人之人，还要关注所服务的对象——国家和人民，为国家服务、为人民服务，不断满足国家和人民群众的需要。"育人为本、德育为先"是实施教育的主导思想。

高等教育作为最高层次的国民教育，集中代表了一个国家发展的水平和潜力，肩负着人才培养、科学研究、社会服务、文化传承创新、国际交流合作的重要使命。其中人才培养是高等教育安身立命的根本所在。伴随中国特色社会主义进入新时代，我国高等教育迎来了从"大"到"强"、从规模增长到质量提升的历史飞跃，高校人才培养面临着新的更高的要求。如何建立同党和国家事业发展要求相适应、同人民群众期待相契合、同我国综合国力和国际地位相匹配的世界一流高等教育，培养大批拥护中国共产党领导和我国社会主义制度、立志为中国特色社会主义奋斗终身的有用人才，是新时代我国高等教育发展面临的重大问题。必须把社会主

建设者和接班人作为教育工作的根本任务和教育现代化的方向目标,努力构建德智体美劳全面培养的教育体系,形成更高水平的人才培养体系。

（二）体现高等教育立德树人的内在要求

"三全育人"理念是在新时代背景下,对大学生全面培养和高校思想政治教育工作的全面思考。虽然"育人"之中必然地包含了生活和生产的知识教育,但就"三全育人"而言,其重心所在则是育人之"德"。这里的"德"是广义的,不仅包含了个人修身自律的品德,营造良好家教家风之私德,还包括遵守社会优良生活和生产秩序之公德,乃至关心国家和民族命运、推动国家和民族发展的大德。因此,这里"德"离不开对人生价值的选择,离不开看待世界和社会的立场、观点和方法。从根本意义上说,"三全育人"所要育的"德",就是要在思想观念层面培育教育对象树立正确的世界观、人生观和价值观,培育教育对象切实把握好其成长成才和成人的人生"总开关"。

世界一流大学的核心是为社会培养出一流的人才。推进高等教育"三全育人",归根结底是要把立德树人融入思想道德教育、文化知识教育、社会实践教育各环节,贯穿基础教育、高等教育各领域,体现在学科体系、教学体系、教材体系、管理体系各方面,全员、全过程、全方位锻造堪当民族复兴大任的时代新人。

（三）构建跨时空、全领域、全要素的人才培养体系

我国不断推进现代化教育进程,不仅是为社会源源不断输送创新型发展人才的重要举措,更是我国实现人才强国和人力资源强国的重要内容之一。工业4.0时代的到来,让我国高校的人才教育培养模式面临前所未有的挑战。传统的教育教学方法及人才培养模式已经不能满足当前社会的发展和变革。因此,以创新人才培养模式为主导,将课堂教育教学内容进行深化,并不断对高校教学方式方法进行优化和创新,才可以为高校提供和营造更加有力的环境。与此同时,在创新人才模式的构造过程中,还需要

进行不断的完善和细化,在互联网信息技术大背景的依托下,通过大数据及人工智能等增加高校课堂的个性化和人性化教学,积极将互联网与高校人才培养教育进行促进和融合,继而提升高校教育教学质量,为高校提供多样性的发展可能。

"三全育人"提倡全员、全过程、全方位的育人体系,坚持"十体系联动",构建课程育人、科研育人、实践育人、文化育人、网络育人、心理育人、管理育人、服务育人、资助育人、组织育人的"十大"育人体系,实现了育人资源共享、育人力量汇聚,体现了对人才培养体系的创新,通过构建跨时空、全领域、全要素的立体、复合人才培养体系和模式,健全人才培养机制,保证人才培养效果。

(四)满足人民群众对教育的共性和个性需要

教育是现代社会中人们的最大需要之一。教育发展必须不断满足人民群众日益增长的科学文化教育需要,特别是要满足人民群众渴望子女接受优质教育的需要,切实保障人民群众及其子女接受良好教育的权益,努力办好让人民满意的教育,办好让人民满意的学校,让教育发展的成果惠及全体人民,真正体现出发展为了人民、发展依靠人民、发展成果由人民共享。让所有人都能够享有公平的受教育机会是教育最崇高的理想。教育公平是社会主义教育的本质要求。保障人人享有公平的受教育权利和机会,使全体人民学有所教,是教育工作义不容辞的责任。教育的最高境界是满足每个人的个性需要和他们的期望。

三、"三全育人"的特征

"三全育人"既是教育理念,也是行动指南。要牢牢把握新时代"三全育人"的理论特征和时代价值,在树立理念、掌握方法上下足功夫,把握"三全育人"的特征,构建"三全育人"体制机制,形成"三全育人"

人才培养格局。

（一）实践性："三全育人"是对高校育人现实问题的有力回应

当前，高校育人工作还存在诸多现实问题，既有思想认识问题，也包含具体实践问题，既有方式方法问题，也有体制机制问题，核心的问题还是"围绕学生、关照学生、服务学生"的育人意识不强。一直以来，高校育人工作主要由学生思想政治工作者和思想政治理论课教学工作者两支队伍来承担。相比较而言，高校其他教职工群体的育人主体责任是模糊不清的，他们在承担育人责任方面也没有行之有效的考核方式。这势必导致高校中不同程度地存在"重教书、轻育人""重管理、轻育人""重智育、轻德育""重科研、轻教学"的现象。在全过程全方位育人方面，由于过度依赖上述两支队伍，高校育人资源整合、育人方式转变、育人意识提升、育人时空拓展都滞后于人才培养需求。此外，由于育人的协同效应较弱、载体和方法欠缺，高校"三全育人"工作亟待从供给侧方面进行改革，以实现与需求侧的契合发展。"三全育人"理念是回应以上现实问题的钥匙，新时代"三全育人"理念的核心价值在于厚植"人人育人、时时育人、处处育人"的工作意识，增加科学育人的供给，以回应思想政治工作需求侧的新变化。

（二）发展性："三全育人"内涵随着育人环境的改变不断丰富

在国际国内形势深刻变化，不同思想文化交流交融交锋，社会思潮多元多样多变的时代背景下，高校的育人环境发生了深刻变化。新形势下高校的育人资源更加丰富，育人要素更加多元，育人过程更加复杂且育人空间得到极大拓展。首先，在全员育人方面，除了校内承担育人职责的所有教职工应主动参与育人工作，高校还应积极调动各种社会力量参与支持育人工作，形成协同育人格局。其次，在全过程育人方面，思想政治工作有向前延伸、向后拓展的发展态势，教师不只是在课堂上育人，学生也不只是在学校受教育，思想引领要贯穿教师教育教学和学生成长成才的全过程。最后，在全方位育人方面，育人的时空场所被不断拓展，线上线下、课内课外、校内校外都要聚焦"如何更好育人"这一主题。就高校而言，无论是不同学科的授课教师以及从事管理和服务的工作人员，都不应置身于"育人"之事外。这是需要特别予以避免的情况。

（三）创新性："三全育人"是新思政观引领下的高校思想政治工作改革

思想政治工作绝不是单纯一条线的工作，而应该是全方位的，无处不在、无时不在的。育人工作需要全员参与、全过程贯穿、全方位渗透，这需要在新思政观的引领下进行综合改革。我们要从中国特色社会主义教育是知识体系教育同思想政治教育相结合这一基本认识出发，坚持两者的辩证统一，科学认识和把握思想政治工作的定位，整合各方育人资源，把促进学生成长成才作为学校一切工作的出发。各地区、各学校乃至各院系，应该针对各自的特殊性，从学生的视角、学科的视角、工作任务和职能的视角，创新三全育人的开展路径和实施办法，突出重点，彰显特色。

四、"三全育人"的意义

"全员育人、全程育人、全方位育人"德育机制的实践有助于发挥学校、家庭、社会在教书育人、管理育人、服务育人方面的作用，有助于学生的全面发展和综合素质的提升。高校"三全育人"工作是一项富有创新性和创造性的工作体系，在立德树人的教育细化中，将社会主义核心价值观进行有效融入，才可以将教育理论根植于高校教学课程中，促使其落地生根并枝繁叶茂。这也是全面建设创新型社会主义接班人的重要内容。"三全育人"体现了立德树人的内在要求，顺应了人才培养的发展趋势，契合了思政工作的发展规律,对努力构建德智体美劳全面培养的教育体系,形成更高水平的人才培养体系。加强党对教育工作的全面领导,统筹协调家庭、学校、政府、社会各方面育人责任,具有十分深远的意义。

第一,建立"三全育人"德育机制是立德树人的根本要求。青年兴则国家兴,青年强则国家强。大学生担负着实现中华民族伟大复兴的责任与使命。

第二,建立"三全育人"德育机制是我国高等教育政策调整的必然要求。党的十八大以来,国家提出培养技能型人才和高素质劳动者的要求,"三全育人"机制适应了新形势下高等教育人才培养模式改革的要求,有助于各高校加快转型,提高人才培养质量,为实现中华民族伟大复兴的中国梦提供坚实的人才保障和智力支持。

第三,建立"三全育人"德育机制是大学生成长成才的时代要求。当代大学生具有新的时代特点与性格特征,学生获取知识和信息的途径从书本、课堂拓展到了微信、微博等新媒体,教师的权威面临挑战,学校已不再是学生获得知识的唯一场所。

第四,建立"三全育人"德育机制是高校实现转型发展的客观要求。当前,我国高校在实现规模扩张的同时,越来越关注质量提高和内涵建设。育人是大学的核心,德育是一项系统工程,需要动员和整合学校、社会、家庭、学生等各方面的力量,形成德育合力。

"三全育人"是新时代党和国家从培养社会主义建设者和接班人的战略高度出发对高等教育提出的重大命题。作为新时代高等教育发展的创新理念和实践模式,"三全育人"不仅反映了党和国家对教育本质和教育规律的深化认识,也是对"培养什么人、怎样培养人、为谁培养人"这一根本问题的生动解答,体现了高等教育立德树人的内在要求,顺应了人才培养的发展趋势,契合了高校思想政治工作的发展规律。

第二节 三全育人的基本要素

一、"三全育人"的目标

（一）"三全育人"总体目标

"三全育人"的核心目标是育人。推进高校"三全育人"工作，必须坚持以新时代党的教育方针为引领，紧紧围绕育人这个核心来展开。新时代贯彻党的教育方针，要坚持马克思主义指导地位，尤其是要贯彻习近平新时代中国特色社会主义思想，始终坚持社会主义办学方向，以理想信念教育为核心，以社会主义核心价值观为引领，更加坚定自觉地落实立德树人根本任务，坚持教育为人民服务、为中国共产党治国理政服务、为巩固和发展中国特色社会主义制度服务、为改革开放和社会主义现代化建设服务，扎根中国大地办教育，同生产劳动和社会实践相结合，加快推进教育现代化、建设教育强国、办好人民满意的教育，努力培养担当民族复兴大任的时代新人，培养德智体美劳全面发展的社会主义建设者和接班人。概言之，就是要解决好"培养什么人、怎样培养人以及为谁培养人"这个根本问题。

从政治高度把握育人这个核心，决定了我们工作的战略高度。青少年作为受教育者，正处于人生的"拔节孕穗期"，最需要精心引导和栽培，帮助他们在价值观形成和确立的关键时期扣好自己人生的第一粒扣子。尤为重要的是，青少年是祖国的未来、民族的希望，青少年的价值取向决定了未来整个社会的价值取向，因而更加需要教育引导他们坚守在中国大地上形成和发展起来的社会主义核心价值观。一个国家、一个民族不能没有灵魂。做好青少年阶段铸魂育人的工作，就是为国家、民族的未来塑造了不可或缺的灵魂。可以毫不夸张地说，这就是一项战略工程。做好立德树人、铸魂育人工作，不仅关乎青少年个人的成长，而且关乎国家、民族的未来，可谓关系重大、责任重大。我国高等教育一定要全面贯彻新时代党的教育方针，更加坚定自觉地担负起培养德智体美劳全面发展的社会主义建设者和接班人这一重大任务，始终把高等教育发展方向同国家发展的现实目标和未来方向紧密联系在一起。推进高校"三全育人"工作，必须始终以这样根本性的核心要求为引领。

（二）"三全育人"综合改革目标

"三全育人"的实现路径是综合改革。"三全育人"综合改革工作的总体目标，是以习近平新时代中国特色社会主义思想为指导，坚持和加强党对高校的全面领导，紧紧围绕立德树人根本任务，充分发挥中国特色社会主义教育的育人优势，以理想信念教育为核心，以社会主义核心价值观为引领，以全面提高人才培养能力为关键，切实提高工作亲和力和针对性，强化基础、突出重点、建立规范、落实责任，一体化构建内容完善、标准健全、运行科学、保障有力、成效显著的高校思想政治工作体系，使思想政治工作体系贯通学科体系、教学体系、教材体系、管理体系，形成全员全过程全方位育人格局。

围绕立德树人根本任务，落实"三全育人"基本要求，涉及学校工作的各个方面，这无疑是一项系统工程。实施这项系统工程，仍面临着一些有待打通的盲区、断点，有待突破的难点、弱点，在高校育人工作中仍然存在着一些诸如工作落实不平衡不充分、工作针对性实效性不够强、工作机制不协调不顺畅、工作体系不健全等困难和问题。为此，必须坚持问题导向，着力从政策导向、资源配置、体制机制优化等方面深化改革，力求突破创新，切实把立德树人融贯于高校的各项工作之中。由于这是一项系统工程，所要实施的改革一定是综合性的。确切地说，"三全育人"本身就是系统性的综合改革，改革既是动力，更是推进工作的路径和抓手。

改革通常还会涉及政策、机制、体制的调整和优化。要根据"三全育人"的总体要求，系统梳理高校相关的政策、机制和体制，找到其中的薄弱点、空白点，切实予以优化，努力实现政策落实到位、机制运行有力、体制架构健全，切实推动育人资源的整合和育人工作的汇聚。这样的改革应该促进形成一系列新的育人工作规范、规则、标准和模式，如全员导师制、思政课程和课程思政质量标准、科研诚信制度和学术规范、管理服务岗位工作规范、师德师风建设长效机制、群团改革创新模式、育人工作激励机制等。这里的一个关键是教育评价改革问题。教育评价改革之所以是关键，因为它代表了育人工作的导向。教育部明确将教育评价改革作为贯彻落实全国教育大会精神最硬的一仗，作为新时代教育改革大厦真正建立起来的标准之作，以此开启中国教育更加波澜壮阔的篇章。结合"三全育人"来说，在学生评价上要积极探索建立学生综合素质培养测评体系，在教师评价上要坚持把师德师风作为评价教师队伍素质的第一标准，更为重要的是，要把思想政治工作评价作为衡量办学质量的核心指标，纳入"双一流"建设评估、教学审核评估、学科评估之中。这样的改革才有利于确立鲜明的育人导向，才能确保"三全育人"工作全面推进、落实见效。

"三全育人"综合改革最终应该体现为一系列制度性成果，进而成为中国特色现代大学制度建设的有机组成部分。着眼于新时代高等教育发展的战略需要，国家正在大力推动一流大学和一流学科建设。"双一流"建设不仅意味着大学办学水平和学科建设水平不断提升，而且意味着中国特色现代大学制度逐步成熟定型。换言之，"双一流"建设的过程，不仅是大学或学科向世界一流水平迈进的过程，而且是建立健全中国特色现代大学制度的过程。在这个意义上，"三全育人"综合改革既可以很好地体现"双一流"建设的育人成效，又可以为建构中国特色现代大学制度提供制度化的成果。

（三）"三全育人"体系目标

1. 德智体美劳全面培养的教育体系

一体化育人体系首先是德智体美劳全面培养的教育体系。其中，德育是首要的，必须贯穿学生学习的始终，贯穿学校工作各方面各环节。围绕学生的全面发展，在育人体系上要着力实现知识传授、能力训练、价值引领、人格养成等教育目标的一体化，也就是将知识目标、能力目标、情感态度价值观目标有机整合起来，并且突出"有理想、有本领、有担当"在目标体系中的统领地位，以德育为先，实现"五育"并举和互动融合。这样的育人体系一定也是课内课外、校内校外、线上线下各方面育人资源和要素的一体化，通过全员的协同、全程的融通、全方位的集成，充分发挥"十大"育人体系的功能和作用，形成育人的合力和整体效应。这样的育人体系还是从体制机制、平台项目、组织保障等方面系统设计、整体推进的工作体系，以综合改革为牵引，明确工作目标和导向，加强组织领导，创新工作平台，实施重点项目，配齐建强队伍，强化条件保障，落实工作责任，形成全要素、多维度一体化推进的工作格局。

2. 全员全程全方位师德养成体系

一体化育人体系还应该是全员全程全方位师德养成体系。推进高校"三全育人"工作，教师至关重要。教师教书育人的过程也是自身受教育、提高自我修养的过程，是教师践行、锤炼、弘扬高尚师德，以德立身、以德立学、以德施教、以德育德的过程。做好"三全育人"工作，前提是要做到"三全"师德养成。这就要求高度重视、着力加强教师思想政治工作，把提高教师思想政治素质和职业道德水平摆在首要位置，把社会主义核心价值观贯穿教书育人全过程，突出全员全程全方位师德养成，强化理论武装，完善师德规范，提高教师理论素养、师德修养、作风涵养，进而提高教师的育人意识、育人能力、育人水平、育人成效，建设政治强、情怀深、思维新、视野广、自律严、人格正的教师队伍和教育工作者队伍，真正把"三全"师德养成同"三全育人"融合成一个有机的整体。

3. 高水平的高校思想政治工作体系

一体化育人体系从根本上说就是更高水平的高校思想政治工作体系。人才培养体系涉及学科体系、教学体系、教材体系、管理体系等，而贯通其中的是思想政治工作体系。加强党的领导和党的建设，加强思想政治工作体系建设，是形成高水平人才培养体系的重要内容。推进高校"三全育人"工作，就是围绕立德树人根本任务，把思想政治工作贯穿教育教学全过程，就是要建立起更加健全有力的高校思想政治工作领导体制、更加协同高效的思想政治工作运行体系。

二、"三全育人"的主体

（一）政府资源统筹，做好教育顶层设计

道德建设，重要的是激发人们形成善良的道德意愿、道德情感，培育正确的道德判断和道德责任，提高道德实践能力尤其是自觉践行能力。社会道德建设能否取得成功重在凝聚价值共识，文以载道、以德化人，在崇德向善的文明环境中熏陶人、塑造人。在道德建设上，政府应激发人们形成正向的道德认同和道德情感，如通过向道德模范学习，建立社会公益品牌，人人参与环境整治，区域化文明共同体等方式，努力创造每个角落都育人的社会氛围。要形成全社会育人氛围，政府必须拥有全局观并制定相应的激励政策。从校外选拔政治素质强、业务能力精的管理干部、业务骨干担任大学生的校外辅导员，指导学生进行社会实践，在劳动生产过程中锻炼学生。此外，协调全社会资源对家长进行子女教育

方法的培训，从城市到农村，逐步覆盖，为青年学生成长成才创造良好的社会和家庭环境。

（二）学校教育落实，搭建教育主体平台

每所学校都有其特定的发展阶段，应根据实际发展阶段，进行内部组织架构调整，优化业务分工，责任到人，以求学校职能运转体系效率最大化。"育人者先育己"，要提高学生的道德水平，首先应对育人者的政治信仰、道德水平进行考核，必须通过教师自学以及对教师的集体备课、阶段性考核、学生评价、家长评价等多维度考核方式竞聘上岗，传统学校对教师的考核方式过于形式化，没有显著的绩效色彩，应采取竞争机制提高教师本身素质。教师属于高知群体，满足其较高层次上的需求，如尊重和自我实现的需求，有利于激发教师工作活力，如通过打造学校品牌，明确学校的发展与个人发展的关系，从学校办学的历史到学校的影响力愿景，激发全体教职员工的使命感、荣誉感，凝聚人心，汇聚力量。此外，须打造育人场域，不仅育人者要优中选优，场域也要配强配齐，包括硬环境与软环境。应加强学校硬件设施配置，使学生有良好的学习生活体验，全身心投入学习和实践。应重视朋辈教育的力量，在课程学习、志愿服务、科研竞赛、心理辅导等方面设置朋辈课堂，让榜样的力量在大学生自我教育中产生蝴蝶效应。在大学生群体中设立学生信息员，掌握特定群体的思想动态，做好舆情监控，及时发现及时处理，遴选的学生信息员必须世界观、人生观、价值观端正，并且是热心助人的学生。

（三）社会环境优化，打通实践育人环节

在人才使用上，如果说学校是生产者，企业则是消费者，培养的人才好不好，还要消费者说了算。为了使"产品"发挥更大作用，生产者、消费者之间对于这种"产品"——人才的培养方式必须达成共识，进行无缝对接，在生产领域就明确优质"产品"所需要的素质。大学生在学校学习后，须到企业进行实践，再由企业反馈人才培养需要改进的环节，学校进

行论证改进人才培养方案，通过学习—实践—再学习—再实践的闭环，使人才的培养得到企业的认可，也节约了国家培养人才的社会成本。研究生实行校内导师与校外导师"双导师"制的模式能否长效化发展，关键要明确企业的收益点，企业参与育人环节，实际上也要看市场运作，企业投入场地、人力培养大学生，最后能为企业带来多大收益，在校企合作之初就应明确，否则将只是昙花一现，不能最终形成育人合力。

（四）家庭教育完善，形成家庭育人氛围

父母是孩子的第一任老师，父母的榜样示范作用将对孩子一生造成影响，因此家庭教育显得尤为重要。很多经济状况不好的家庭，父母被迫外出务工，孩子留在家中跟随祖辈生活，成了留守儿童，这类孩子成长道路上很难得到父母的及时关爱。即使在城市，因为工作节奏较快，父母往往忙于工作，晚上回到家已没有精力管教孩子，特别是很少有时间与孩子深入交谈。孩子是祖国的未来，孩子的成长代表了国家发展的方向，孩子的心态一定要积极乐观，只有他们不怕困难、勇往直前，民族才有希望。因此，政府必须投入资金，协调资源，为家长办好家庭教育课堂，逐渐扩大覆盖面，使社会这个最小的细胞——家庭，充满和谐与温馨，最终促进家庭育人氛围的形成。

三、"三全育人"的内容

（一）思想政治教育

1. 思想政治教育要坚持立德树人的教育方针

立德树人是我们国家的教育方针，也是教育的根本目的所在，思想政治教育的教育目标、教育内容、教育任务等编制都必须从我国的实际出发，合理地按照我国的政治、经济、社会、文化等情况严格制定。思想政治教育的实施不能脱离现实社会的基本情况,思想政治教育必须正确审视当今社会对人才需求的情况,分析社会人才形势,在保证不偏离立德树人教育方针的前提下，及时地、合理地、有预见性地制定教育方案,并按照要求实施思想政治教育活动,坚决杜绝思想政治教育和现实社会脱节,甚至相背离。一切从我国实际出发,而"三全育人"模式的建立,正是从思想政治教育实效性不足和新时代德育发展方向出发提出的一种思想政治教育方式。"三全育人"教育模式立足于现实问题,致力于解决现实问题,符合国家立德树人的教育方针,也符合当前我国的国情。因此,坚持立德树人教育方针,是协调控制各种矛盾,形成思想政治教育合力的第一步。

2. 思想政治教育要与时代精神相融合

思想政治教育内容是在一定社会背景下教育者有目的、有计划、有组织地传递给受教育者的具有时代精神和价值的政治观点、思想观念、道德规范等。思想政治教育内容必须时刻彰显时代精神,突出时代问题,体现时代特征。"十四五"期间生态文明建设目标,2035 年基本实现社会主义现代化远景目标。在生态环保方面提出"广泛形成绿色生产生活方式,碳排放达峰后稳中有降,生态环境根本好转,美丽中国建设目标基本实现"。在新时代思想政治教育过程中,应加强生态文明教育,将其与物质文明、精神文明等置于同等重要的地位,教育引导广大学生牢固树立"绿水青山就是金山银山"的理念,传承弘扬"右玉精神",助力美丽中国建设。

3. 思想政治教育要与国情特色相结合

思想政治教育是教育者帮助受教育者形成符合一定社会、一定阶级所需要的思想品德的社会实践活动,体现了思想政治教育内容的阶级性和方向性特征。马克思主义,尤其是中国化的马克思主义,不仅是思想政治教育的根本内容,而且是思想政治教育学的根本指导思想和理论基础。在坚持马克思主义在意识观念领域指导地位这一根本制度的同时，围绕"坚持和发展什么样的中国特色社会主义、怎样坚持和发展中国特色社会主义"这个重大时代课题，形成的习近平新时代中国特色社会主义思想是马克思主义中国化的最新成果。

4. 思想政治教育要发挥高校地方优势

高校思政课教材体现了国家对于人才培养的统一要求，受教材容量限制，很多教育资源不能融入其中，未得到充分利用。依据国家对于人才培养的总要求，高校应结合地方特色、学校特色，在充分利用思想政治教材这一最重要课程资源的同时，师生共同开发地方课程、校本课程作为必修课或选修课，使地方教育资源得到最充分开发，从教育内容入手增强思政课的亲和力。

5. 思想政治教育要符合当代青年特点

大学生思想还未完全成熟，其世界观、人生观、价值观还未完全定型，人格有很强的可塑性，很容易受到社会环境的影响，这些不自觉的影响又和学校教育、家庭教育相冲突，使得思想政治教育的实效性不高，这也是社会影响、家庭教育、学校教育三者没有相互协调的结果。以立德树人为基础的高校"三全育人"模式，倡导挖掘一切思想政治教育力量，拓宽育人渠道，整合学校、家庭、社会三处的思想政治教育资源，助推形成思想政治教育的强大合力，让显性的和隐性的思想政治教育双管齐下，全方位开展大学生思想政治教育工作，让人人成为教师，处处变成课堂，增强思想政治教育的实效性。

（二）道德法纪教育

1. 构建四位一体的法纪教育平台

大学生的成长成才离不开社会、家庭、学校的培养，如果社会、家庭、学校或者学生本人对于法纪教育的重视程度不够，都将会导致大学生缺少法纪观念。因此，要加强大学生的法纪教育，必须构建"社会—家庭—学校—本人"四位一体的法纪教育平台。社会要高度重视大学生的法纪教育，践行社会主义核心价值观，关爱大学生成长成才全面发展，创建和谐的社会氛围；家庭是法纪教育最基本的环节，家长必须履行监护人法纪教育第一责任人的基本职责，既要重视子女的专业技能，又要注重子女的道德培养及法纪教育；高校是人才培养的摇篮，加强大学生的思想政治教育，真正培养德智体美劳全面发展的新时代大学生；学生个人要认识到法纪教育使大学生具有法纪观念，形成遵纪守法的思想基础，了解自己的权利与义务，面对问题时将如何保护自己的合法权益。

2. 拓宽大学生法律教育的渠道

尽管高校都会开设法律基础课程，但是单纯依靠法律基础课是不够的，可以拓宽法律教育的渠道，例如定期邀请法律专业的资深专家，进行专业的法律讲座，可以通过与专家互动的方式，将学生的问题转化成知识点的引申与剖析，学生易于理解与应用；通过新媒体的手段，利用可靠的网络平台、新闻网站，对违法违纪行为进行深刻解析，促使大学生阅读与吸收，提高法律知识；大学校园专门负责安全教育的科室可以将学生中发生的典型案例制作成展板或电子屏幕，时时刻刻提醒学生增强法律意识，善于应用法律手段。

3. 建设高校周边良好法制环境

高校是培养人才的教育基地，应联合地方政府职能部门齐抓共管，共同建设和谐的校园环境。创建高校周边和谐环境，仅仅靠高校本身是不够的，需要公安、税务、工商等部门的通力合作。另外，为满足构建和谐社会的需要，每所高校目前都安排了专门的警察人员，他们的信息在校园内随处可见，学生一旦发生问题，专职警员第一时间赶到。在大学生当中深入开展网络安全教育，增强他们的网络责任意识，有效防控各种不良信息的散播，大力倡导健康的网络文化，从而能够自觉抵制各种有害信息的侵扰，成为"慎独"的网民。

4. 营造健康向上的校园文化生活

针对社会思潮开展相应的人文素质讲座，使学生能够充分了解各种社会思潮的本质精神和核心价值诉求，不再被其新奇的外表所迷惑。以各种积极健康的经典文化和多样的文化形式充实校园文化生活，满足大学生不断高涨的求知欲。积极培育大学生的人文精神和人文关怀理念。通过多样的集体活动，使大学生充分感受到集体的力量和温暖，形成关爱他人、关心集体的良好氛围。在大学生当中开展传统美德教育，以"己所不欲，勿施于人"的换位思考理念推动大学生构建和谐的人际关系，在提高大学生做事能力的同时，重视大学生做人境界的提升。引导大学生树立合理的消费理念，确立正确的价值观、荣辱观。加大宣传力度，拓展宣传空间，在大学生当中大力倡导理性消费、节俭消费，对存在的不良消费倾向和错误认识给予及时纠正。通过对于先进人物和反面教材的学习，使他们充分认识到人生价值和价值评价的真谛，为自己确立起崇高的精神家园。

（三）心理健康教育

1. 大学生心理健康教育是推进"三全育人"综合改革的有效载体

广大教育工作者积极将习近平新时代中国特色社会主义思想贯穿到教育工作中，重新赋予"三全育人"新的时代内涵。各级教育主管部门也先后开展"三全育人"综合改革试点工作，探索从宏观、中观、微观各个层面构建一体化育人体系。大学生心理健康教育作为思想政治工作质量提升工程中"心理育人"的具体抓手和有效载体，既是推进育心与育德相结合的实践抓手，是全面统筹办学治校各领域、教育教学各环节、人才培养各方面的育人资源和育人力量，也是全面推进"三全育人"综合改革的有益探索。

2. "三全育人"理念为新时代大学生心理健康教育提供理论指导

"三全育人"理念自 20 世纪 50 年代开始萌芽,在改革开放初期开始兴起,直到 21 世纪初成熟完善,切实引领了高校思想政治工作的发展航向、勾勒了高校思想政治工作的蓝图。心理健康教育工作是高校思想政治工作的重要组成部分,"三全育人"对新时代大学生心理健康教育发展同样具有理论导航地位。此外,"三全育人"理念中的全员、全过程、全方位三者之间存在着内在的关联性,全员指向育人的主体构成,全过程指向育人的时空边界,全方位则指向育人的方法路径,三者有机结合、融为一体,形成了一套科学的方法体系,系统回答了"哪些教育主体,运用怎样的育人方法,在何种时空边界里践行立德树人根本任务"这一关键问题。因此,"三全育人"理念作为大学生心理健康教育的方法遵循同样具有理论基础和现实依据。

3. "三全育人"的全域性强化大学生心理健康教育覆盖面

大学生心理健康教育作为思想政治教育的重要组成部分,内在地具有育人属性,它不是人的发展的异己力量,相反,是把人的本质还给人。因此,大学生心理健康教育不应该是几个孤立的点,而应纵成一条"线",横成一个"面",立成一个"体"。

（四）专业知识教育

1. 加强理论教学工作师资建设

提高师资力量建设。在教育教学中,教师一直起到十分重要的主导作用。尤其在理论教学过程中,提高师资力量,不仅可以提高教师的课堂授课水平,同时对学生能力的提高和科研技术的提高有着十分重要的意义。引进和培养理论教育课程专业教育的教师团队,并对师资资源进行合理分配,形成较为合理的师资结构等级,从而使教师在提高自身素质的同时,提升学生对课堂知识的吸收和理解。

2. 积极倡导教学模式创新

采用新型教学方法。传统的教学过程中，教师一直处于单调的说教式教学和板书式教学的模式中，使学生在课堂学习过程中很难提升自身的学习兴趣，最终导致学生对课堂教学的参与度大大降低。随着科技的发展，通过互动式教学、多媒体教学及仿真教学等新型教学模式，可以明显提高学生的课堂学习兴趣，吸引学生全身心地投入课堂理论学习，从而也提升了理论教学的水平。此外，这种新型的教学模式可以充分激发教师与学生的互动教学关系，在提高学生的学习能力的同时，提高学生的交往能力及其自信心。

3. 建立科学的综合考核评价体系

改革考核要求和方式。学生在学习中，必然会涉及考试与成绩的问题，在传统的教育模式中，成绩成为每一个学生综合素质的体现。这种考核方式和对学生的评价指标存在较大问题，过度的重视学生成绩最终导致学生的自信心下降，综合素质的提升遇到障碍。为更好地提高学生的综合素质，应将能力的培养作为学生培养过程中的重要环节，通过更加灵活多变的测试考试评价指标，将理论、仿真、设计、实践等多方面指标进行综合考量，形成一套适用于绝大多数学生的成熟考核方案，从而达到促进学生综合能力提高的作用。要突出思想政治教育主线，把思想政治工作作为各项工作的生命线，科学认识把握思想政治工作的定位，建立多元多层、科学有效的思想政治工作测评指标体系，完善过程评价和结果评价相结合的实施机制。

（五）实践技能教育

1. 改善实践教学工作的建设

建设企业教学基地实践教学一直是各高校普遍存在的短板，大量工科学生的实践操作能力仅停留在实验课程之中，仅有极少数有机会进入工厂、车间，对实际生产中使用到的设备及生产过程中遇到的问题进行研究和学习，无法真正将理论与实际充分结合到一起。企业与高校共创的教学基地建设，是解决这一问题的最佳方案，高校可以将实践教学阶段的课程放在实践教学基地进行，让学生深入工厂学习；同时，对于企业存在的技术问题，可以通过高校平台进行解决。这样的培养方式不仅使学生的综合能力得到提升，同时对于学校的培养模式和企业的问题解决、人才招聘均提出了更合理的解决途径。同时，为校企间的技术转化提供了更加完善的合作平台。

2. 提高实验室和实验设备的安全使用率

高校的重点实验室和大型实验设备，在基础教学过程中存在很大的缺失和资源浪费，高校应鼓励学生参与科研活动，并对重要大型设备的使用进行学习，并有专业教师或设备工程师进行系统化讲授，提高设备使用率，加强安全管理。在学习结束后进行考核，通过考核后即可在课外学术科研中使用大型检测设备进行实验，这对学生的实验和实践操作能力都会有很大的提升。对于不同类型的实验室，进行规范化管理和安全责任制，对实验室可能出现的安全问题进行分析，在学生进入实验室前进行安全规范培训，在实验期间检查学生安全防护工作，对危险设备和危险试剂进行统一管理，保证学生在实践操作中的安全，确保无安全事故。

3. 积极鼓励科研创新

培养综合能力实践教学分为实践和教学两部分，实践教学中，将学生的学与研进行多层次的结合，可以将实践与教学部分更高的结合，实现生产与科研的一体化，锻炼学生的实践创新能力。在学生实践过程中，鼓励学生参与教师科研项目，支持学生申报各类项目、参与各项竞赛，可以最大化提高学生的自主创新能力和自主学习能力。

四、"三全育人"的载体

（一）统筹推进课程育人

大力推动以"课程思政"为目标的课堂教学改革，优化课程设置，修订专业教材，完善教学设计，加强教学管理，梳理各门专业课程蕴含的思想政治教育元素和承载的思想政治教育功能，将其融入课堂教学各环节，实现思想政治教育与知识体系教育的有机统一。

深入推动习近平新时代中国特色社会主义思想进教材、进课堂、进头脑，开展"四史"教育。完善课程设置管理、课程标准和教案评价制度，实施高校课程体系和教育教学创新计划，推动面向全体学生开设提高思想品德、人文素养、认知能力的哲学社会科学课程，创新高校思想政治理论课建设体系。修订各类专业教材，加强课堂教学设计，推进马克思主义理论研究和建设工程教材、思想政治理论课统编教材编写修订，研制课程育人指导意见，充分挖掘和运用各门课程蕴含的思想政治教育元素，作为教材讲义必要章节、课堂讲授重要内容和学生考核关键知识。发挥专业教师课程育人的主体作用，健全课程育人管理、运行体制，将课程育人作为教师思想政治工作的重要环节，作为教学督导和教师绩效考核的重要方面。加强教材使用和课堂教学管理，建立哲学社会科学专业核心课程教材目录，研制引进教材选用管理办法，建立国家优秀教材评选奖励制度，制定高校课堂教学管理指导意见，明确课堂教学的纪律要求，还要培育选树一批"学科育人示范课程"，建立一批"课程思政研究中心"。

（二）着力加强科研育人

发挥科研育人功能，优化科研环节和程序，完善科研评价标准，改进学术评价方法，促进成果转化应用，引导师生树立正确的政治方向、价值取向、学术导向，培养师生至诚报国的理想追求、敢为人先的科学精神、开拓创新的进取意识和严谨求实的科研作风。

改进科研环节和程序，把思想价值引领贯穿选题设计、科研立项、项目研究、成果运用全过程，把思想政治表现作为组建科研团队的底线要求。完善科研评价标准，改进学术评价方法，健全具有中国特色的学术评价标准和科研成果评价办法，构建集教育、预防、监督、惩治于一体的学术诚信体系，遏制学术研究、科研成果不良倾向，组织编写师生学术规范与学术道德读本，在大学生中开设相关专题讲座，在研究生中开设相应公选课程。健全优秀成果评选推广机制，服务国家和区域经济发展，促进全社会思想文化建设。培养师生科学精神和创新意识，实施科研创新团队培育支持计划、科教协同育人计划、产学研合作协同育人计划等项目，引导师生积极参与科技创新团队和科研创新训练，及时掌握科技前沿动态，培养集体攻关、联合攻坚的团队精神和协作意识。加大学术名家、优秀学术团队先进事迹的宣传教育力度，大力培育全国高校黄大年式教师团队，培养选树一批科研育人示范项目、示范团队。

（三）扎实推动实践育人

坚持理论教育与实践养成相结合，整合各类实践资源，强化项目管理，丰富实践内容，创新实践形式，拓展实践平台，完善支持机制，教育引导师生在亲身参与中增强实践能力、树立家国情怀。

整合实践资源，拓展实践平台，依托高新技术开发区、大学科技园、城市社区、农村乡镇、工矿企业、爱国主义教育场所等，建立多种形式的社会实践、创业实习基地。丰富实践内容，创新实践形式，广泛开展社会调查、生产劳动、社会公益、志愿服务、科技发明、勤工助学等社会实践活动，深入开展好大学生暑期"三下乡""志愿服务西部计划"等传统经典项目，组织实施好"牢记时代使命，书写人生华章""百万师生重走复兴之路""百万师生'一带一路'社会实践专项行动"等新时代社会实践精品项目，探索开展师生志愿服务评价认证。深入推进实践教学改革，分类制定实践教学标准，适度增加实践教学比重，原则上哲学社会科学类专业实践教学不少于总学分（学时）的 15%，理工农医类专业不少于 25%。加强创新创业教育，开发专门课程，健全课程体系，实施"大学生创新创业训练计划"，支持学生成立创新创业类社团。完善支持机制，推动专业课实践教学、社会实践活动、创新创业教育、志愿服务、军事训练等载体有机融合，形成实践育人统筹推进工作格局，构建"党委统筹部署、政府扎实推动、社会广泛参与、高校着力实施"的实践育人协同体系，培育建设一批"实践育人"与"创新创业"示范基地。

（四）深入推进文化育人

注重以文化人以文育人，深入开展中华优秀传统文化、革命文化、社会主义先进文化教育，推动中国特色社会主义文化繁荣兴盛，牢牢掌握高校意识观念工作领导权，践行和弘扬社会主义核心价值观，优化校风学风，繁荣校园文化，培育大学精神，建设优美环境，滋养师生心灵、涵育师生品行、引领社会风尚。

推进中华优秀传统文化教育，实施"中华经典诵读工程""中国传统节日振兴工程"，开展"礼敬中华优秀传统文化""戏曲进校园"等文化建设活动，展示一批体育艺术文化成果，建设一批文化传承基地，引导高雅艺术、非物质文化、民族民间优秀文化走近师生。挖掘革命文化的育人内涵，实施"革命文化教育资源库建设工程"，开展"传承红色基因、担当复兴重任"主题教育，组织编排展演一批以革命先驱为原型的舞台剧、以革命精神为主题的歌舞音乐、以革命文化为内涵的网络作品，有效利用重大纪念日契机和重点文化基础设施开展革命文化教育。开展社会主义先进文化教育，开展高校师生社会主义核心价值观主题教育，推广展示一批社会主义核心价值观教育典型案例，选树宣传一批践行社会主义核心价值观先进典型。大力繁荣校园文化，创新校园文化品牌，挖掘校史校风校训校歌的教育作用，推进"一校一品"校园文化建设，引导高校建设特色校园文化；实施"高校原创文化经典推广行动计划"，支持师生原创歌剧、舞蹈、音乐、影视等文艺精品扩大影响力和辐射力；广泛开展"我的中国梦"等主题教育，推选展示一批高校校园文化建设优秀成果。建设美丽校园，制作发布高校优秀人文景观、自然景观名录，推动实现校园山、水、园、林、路、馆建设达到使用、审美、教育功能的和谐统一。广泛开展文明校园创建，评选"全国文明校园"，把高校建设成为社会主义精神文明高地。

（五）创新推动网络育人

大力推进网络教育，加强校园网络文化建设与管理，拓展网络平台，丰富网络内容，建强网络队伍，净化网络空间，优化成果评价，推动思想政治工作传统优势同信息技术高度融合，引导师生强化网络意识，树立网络思维，提升网络文明素养，创作网络文化产品，传播主旋律、弘扬正能量，守护好网络精神家园。

加强工作统筹，建设高校思想政治工作网，打造信息发布、工作交流和数据分析平台，加强高校思想政治工作信息管理系统共建与资源互享。强化网络意识，提高建网用网管网能力，加强师生网络素养教育，引导师生增强网络安全意识，遵守网络行为规范，养成文明网络生活方式。拓展网络平台，发挥全国高校校园网站联盟作用，推动"易班"和中国大学生在线全国共建，推选展示一批校园网络名站名栏，引领建设校园网络新媒体矩阵。丰富网络内容，开展"大学生网络文化节""高校网络育人优秀作品推选展示""网络文明进校园"等网络文化建设活动，推广展示一批"网络名篇名作"。优化成果评价，建设"高校网络文化研究评价中心"，建立网络文化成果评价认证体系，推动将优秀网络文化成果纳入高校科研成果统计、列为教师职务职称评聘条件、作为师生评奖评优依据。培养网络力量，实施"网络教育名师培育支持计划""校园好网民培养选树计划"，建设一支政治强、业务精、作风硬的网络工作队伍。

（六）切实强化管理育人

把规范管理的严格要求和春风化雨、润物无声的教育方式结合起来，加强教育立法，遵守大学章程，完善校规校纪，健全自律公约，加强法治教育，全面推进依法治教，促进教育治理能力和治理体系现代化，强化科学管理对道德蕴育的保障功能，大力营造治理有方、管理到位、风清气正的育人环境。

完善教育法律法规体系，加快制定（修订）教育规章，保障师生员工合法权益。健全依法治校、管理育人制度体系，结合大学章程、校规校纪、自律公约修订完善，研究梳理高校各管理岗位的育人元素，编制岗位说明书，明确管理育人的内容和路径，丰富完善不同岗位、不同群体公约体系，引导师生培育自觉、强化自律。加强干部队伍管理，按照社会主义政治家、教育家要求和好干部标准，选好配强各级领导干部和领导班子，制定管理干部培训五年规划，提高各类管理干部育人能力。加强教师队伍管理，严把教师聘用、人才引进政治考核关，依法依规加大对各类违反师德和学术不端行为查处力度，及时纠正不良倾向和问题。加强经费使用管理，科学编制经费预算，确保教育经费投入的育人导向。强化保障功能，健全依法治校评价指标体系，深入开展依法治校创建活动。把育人功能发挥纳入管理岗位考核评价范围，作为评奖评优条件。培育一批"管理育人示范岗"，引导管理干部用良好的管理模式和管理行为影响和培养学生。

（七）全面推进资助育人

把"扶困"与"扶智"，"扶困"与"扶志"结合起来，建立国家资助、学校奖助、社会捐助、学生自助"四位一体"的发展型资助体系，构建物质帮助、道德浸润、能力拓展、精神激励有效融合的资助育人长效机制，实现无偿资助与有偿资助、显性资助与隐性资助的有机融合,形成"解困—育人—成才—回馈"的良性循环,着力培养受助学生自立自强、诚实守信、知恩感恩、勇于担当的良好品质。

加强资助工作顶层设计,建立资助管理规范,完善勤工助学管理办法,构建资助对象、资助标准、资金分配、资金发放协调联动的精准资助工作体系。精准认定家庭经济困难学生,健全四级资助认定工作机制,采用家访、大数据分析和谈心谈话等方式,合理确定认定标准,建立家庭经济困难学生档案,实施动态管理。坚持资助育人导向,在奖学金评选发放环节,全面考查学生的学习成绩、创新发展、社会实践及道德品质等方面的综合表现,培养学生奋斗精神和感恩意识。在国家助学金申请发放环节,深入开展励志教育和感恩教育,培养学生爱党爱国爱社会主义意识。在国家助学贷款办理过程中,深入开展诚信教育和金融常识教育,培养学生法律意识、风险防范意识和契约精神。在勤工助学活动开展环节,着力培养学生自强不息、创新创业的进取精神。在基层就业、应征入伍学费补偿贷款代偿等工作环节中,培育学生树立正确的成才观和就业观。创新资助育人形式,实施"发展型资助的育人行动计划""家庭经济困难学生能力素养培育计划",开展"助学·筑梦·铸人""诚信校园行"等主题教育,组织国家奖学金获奖学生担任"学生资助宣传大使"。培育建设一批"发展型资助的育人示范项目",推选展示资助育人优秀案例和先进人物。

（八）积极优化组织育人

把组织建设与教育引领结合起来,强化高校各类组织的育人职责,增强工作活力、促进工作创新、扩大工作覆盖、提高辐射能力,发挥高校党委领导核心作用、院（系）党组织政治核心作用和基层党支部战斗堡垒作用,发挥工会、共青团、学生会、学生社团等组织的联系服务、团结凝聚师生的桥梁纽带作用,把思想政治教育贯穿各项工作和活动,促进师生全面发展。

　　发挥各级党组织的育人保障功能,进一步理顺高校党委的领导体制机制,明确高校党委职责和决策机制,健全和完善高校党委领导下的校长负责制,推动学校各级党组织自觉担负起管党治党、办学治校、育人育才的主体责任。启动实施高校党建工作评估,全面推开校、院(系)党组织书记抓基层党建述职评议。实施教师党支部书记"双带头人"培育工程,分中央和地方两级开展示范培训。实施"高校基层党建对标争先计划",开展"不忘初心、牢记使命"主题教育,遴选培育全国百个院(系)党建工作标杆,培育建设一批先进基层党组织,培养选树一批优秀共产党员、优秀党务工作者,创建示范性网上党建园地,推选展示一批党的建设优秀工作案例。发挥各类群团组织的育人纽带功能,推动工会、共青团、学生会等群团组织创新组织动员、引领教育的载体与形式,更好地代表师生、团结师生、服务师生,支持各类师生社团开展主题鲜明、健康有益、丰富多彩的活动,充分发挥教研室、学术梯队、班级、宿舍在师生成长中的凝聚、引导、服务作用。培育建设一批文明社团、文明班级、文明宿舍。

第二章　高校三全育人管理

第一节　高校三全育人管理的价值与原则

一、高校"三全育人"管理的价值

（一）高校"三全育人"管理的地位

有价值、有作用才有地位。高校"三全育人"管理的地位主要取决于自身价值和作用，并集中反映在高校"三全育人"管理的作用上。

1. 高校"三全育人"工作的载体和指挥中心

高校"三全育人"在高校的教育中居于主导地位，高校"三全育人"管理作为高校"三全育人"工作的组成部分，其地位依附于高校"三全育人"的地位。同时，我们还可以从高校"三全育人"工作自身的角度，看高校"三全育人"管理的地位。在高校"三全育人"工作中，思想政治教育管理是整个思想政治教育工作的载体，它把零散的思想政治教育要素在空间上按一定规则组合起来，在时间上按一定程序指令使其运行，并在运行中实施有效的控制，进而实现高校"三全育人"目标。高校"三全育人"教育方向、"三全育人"教育功能、"三全育人"教育效率、思想政治教育质量等无不靠高校"三全育人"管理来保证，离开了高校"三全育人"管理，高校"三全育人"的工作将失去载体、失去控制，成为一盘散沙。从目前高校"三全育人"工作实际看，人们对高校"三全育人"内容、途径、方法研究得比较多，而高校"三全育人"管理研究得比较少，高校"三全育人"的工作效率不高、质量不高、力度不够等许多问题的出现，几乎都源于高校"三全育人"管理工作跟不上。因此，高校"三全育人"管理在整个高校"三全育人"中的地位越来越突出。

2. 高校管理的重要组成部分

高校管理包括多方面内容，思想政治教育管理是重要内容之一，而且是一项牵涉面广、内容复杂、政策性、原则性很强的管理工作。它既涉及各类管理人员，也涉及各类服务人员；既有政治方向、意识观念问题，又有经济政策、生活待遇问题等。因此说，思想政治教育管理是高校管理中最为复杂、牵动全局的工作，直接关系到高校各系统根本任务的完成。认真抓好高校"三全育人"管理是高校教育贯彻党的路线、方针、政策的前提，是坚持社会主义方向的重要措施。

3. 各级党委和政府的主要任务

进一步强调了各级党委和政府对思想政治教育的领导责任。各级党委和政府对思想政治教育的领导主要体现在思想政治教育管理上，制定政策，提供条件，解决实际困难，对思想政治教育工作进行检查、监督、评估等。这表明，高校"三全育人"必须依靠上级领导部门的重视和支持，创造良好的高校"三全育人"氛围和环境；高校"三全育人"管理工作，必须纳入各级领导部门的议事日程，定期研究，加强领导，摆到重要位置上。这从侧面表明了高校"三全育人"管理的重要性。

（二）高校"三全育人"管理的持续优化与创新

1. 有助于正确把握高校"三全育人"的方向

"三全育人"教育具有预测、决策、计划、控制等功能，同时还有检查监督、目标管理等方法，这些功能和方法对于把握思想政治教育方向具有很好的作用。作为思想政治教育管理的最高层次，党和国家通过制定法规、提出意见来明确思想政治教育方向和大政方针；高校通过思想政治教育管理使之贯彻到具体的思想政治教育实践中。从组织领导的角度而言，高校"三全育人"管理对于保证思想政治教育方向具有最直接、最有效的作用。我们不仅要看到，更要重视并善于发挥高校"三全育人"管理对思想政治教育方向的控制和保证作用。

2. 有助于完善高校"三全育人"的功能

"三全育人"教育具有灌输、矫正、激励、引导、关怀、服务、保证等功能。这些功能的发挥，必须靠理论来指导，靠制度来规范，靠组织来协调，靠监督来制约。这些管理职能如果被忽视，难免会出现重灌输轻引导，重矫正轻关怀，重激励轻服务等倾向。通过强化管理，不仅可以使广大教师明确思想政治教育的功能，而且可以不断完善思想政治教育功能，全面、充分地发挥思想政治教育多样性作用。

3. 有助于增强高校"三全育人"的活力

高校"三全育人"管理通过制定相应的政策、制度，对广大教师予以引导，并通过教育、关怀和尊重调动他们开展思想政治教育工作的积极性和创造性，激发教师做好思想政治教育工作的责任感和主动精神，从而增强高校"三全育人"的内在活力。如对高校"三全育人"工作者在政治待遇、生活待遇、职业待遇等方面实行鼓励政策，都可以激励高校"三全育人"工作者重视思想政治教育、热心参与思想政治教育，在各自的岗位上，心情舒畅、精神饱满地做好思想政治教育工作，进而为思想政治教育增添活力。

4. 有助于发挥高校"三全育人"的整体优势

高校"三全育人"管理通过组织、协调、指挥等职能，把校内外的所有可调动的思想政治教育因素科学、合理地组织起来，按照统一的目标和计划相互协调地发挥作用，这个作用可以大于各个部分功能之和。目前，我们所倡导的全员育人、全方位育人、全过程育人、环境育人等思想政治教育思路和格局，是靠思想政治教育管理来实现的。特别是在思想政治教育环境、思想政治教育对象发生某些变化时，对思想政治教育全局性的调整只能靠管理来实现，形成统一意志、统一行动，使思想政治教育的整体优势得到充分发挥。

5. 有助于提高高校"三全育人"的质量

高校"三全育人"管理的重要目的就是提高思想政治教育工作质量和实现育人目标。通过建立思想政治教育质量保证体系、完善思想政治教育工作控制系统和健全思想政治教育约束机制，高校"三全育人"管理可以紧紧围绕思想政治教育目标和思想政治教育质量标准，实施一系列保证和提高思想政治教育质量的管理举措，并通过科学、合理地发挥思想政治教育各要素的作用，达到预期目的。事实也是如此，是否强化高校"三全育人"管理，对高校"三全育人"的质量的确带来了不同结果。在同样的环境、人员、工作等条件下，加强高校"三全育人"管理，高校"三全育人"的质量就有保障；反之，高校"三全育人"质量就失去了控制。

二、高校"三全育人"管理的原则

（一）科学发展观原则

1. 科学发展观原则的内涵

这是高校"三全育人"管理的首要原则，它规定了高校"三全育人"管理的发展理念，确定了高校"三全育人"管理发展的基本准则，强调了高校"三全育人"及高校"三全育人"管理的人本意识、全面意识、协调意识、可持续意识。概括地说，科学的思想政治教育发展观主要包括以下三个基本内涵。

（1）以人为本

人是推动思想政治教育发展的主体，发展要靠人，思想政治教育发展的目的更是为了人。强调以人为本，既植根于中华民族历史文化土壤，又来自现代思想政治教育实践。坚持以人为本，是科学的思想政治教育发展观的核心内容，促进学生全面发展是科学的思想政治教育发展观的重要目的。在实施思想政治教育管理中，我们必须根据人的思想政治状况、特点来调整、完善组织结构的要素、整合配置，紧紧围绕人的思想来创造适宜的条件，以人为本，充分发挥人在管理中的重要作用，组织实施对人的思想政治教育的最佳配置。思想政治教育的领导者和管理人员要当好服务员，紧紧围绕转变人的思想等精神世界这个中心来开展工作。他们是为人服务的，应该树立尊重人、关心人、爱护人、平等待人，以使人性和人的思想得到完善的发展，使每个被管理者都得到自由全面的发展。管理工作者要从他们的物质需要、精神需要和发展需要出发，使他们的思想等精神方面得到健康的发展，为人的全面发展营造良好的社会环境。

（2）全面、协调、可持续发展

全面、协调、可持续发展作为科学的思想政治教育发展观的基本内容是相互联系的整体。全面是指各个方面都要发展，协调是指各个方面的发展要相互适应，可持续强调思想政治教育发展进程的持久性、连续性和可再生性，三者是科学的思想政治教育发展观的重要体现。

（3）统筹思想政治教育管理的各个要素

即统筹思想政治教育的理论与实践与高等教育，统筹各系统思想政治教育与家庭、社会教育等的诸多因素，进而提高思想政治教育的主动性、针对性和有效性。

坚持科学的思想政治教育发展观原则符合马克思主义辩证唯物论的基本观点。马克思主义的基本原理告诉我们，社会发展的过程，是生产力与生产关系、经济基础与上层建筑不断相互适应与协调的过程，也是人与自然、人与社会的相互适应与协调的过程。高校"三全育人"的科学发展，就是坚持发展的辩证法，以联系、连续的观点，系统的观点，全面的观点认识人的发展的全面性要求与社会发展状况的相互关系，自觉有效地调控思想政治教育管理各要素的矛盾运动，使其达到协调和统一，促进学生素质与社会文明向更高的水平迈进。

2. 科学发展观原则的作用

（1）高校"三全育人"价值观上的新飞跃

科学的思想政治教育发展观是以人们对发展问题的新认识为依据的，或者说是以现代思想政治教育观为依据的。思想政治教育的价值观经历了三个发展阶段：一是以追求思想政治教育的政治价值为核心的思想政治教育价值观，在以阶级斗争为纲的年代始终占主导地位。二是以追求思想政治教育的政治价值和经济建设价值并重的思想政治教育价值观，强调思想政治教育必须为培养建设者和接班人服务，在以经济建设为中心的年代占主导地位。三是以追求人的全面发展为核心的思想政治教育价值观，这是党的十六届三中全会提出科学发展观以来人们对思想政治教育价值认识上的飞跃。

（2）适应了高校"三全育人"管理人本原理的基本要求

高校"三全育人"管理的根本任务是充分发挥学生的能动性，建立学生与其他思想政治教育管理要素之间的有机联系，最大限度地提高思想政治教育的整体功效。思想政治教育管理是多因素的复杂活动，在所有这些因素中，人是最根本的因素，是思想政治教育管理的核心。因此，要坚持以人为本，尊重人、依赖人、培养人、服务人，促进人的全面发展，努力提高人的素质。思想政治教育管理的原理是思想政治教育管理原则的根据人本原理必然要求人本原则与之相呼应，在高校"三全育人"管理实践中得以体现。

（3）提高高校"三全育人"管理水平的迫切需要

提高高校"三全育人"管理水平离不开正确的思想政治教育管理原则的规范。科学的思想政治教育发展观规定着思想政治教育发展的本质、目的、内涵和要求，决定着思想政治教育发展道路、发展模式和发展战略，对思想政治教育管理具有重大影响。科学的思想政治教育发展观要求高校"三全育人"管理必须坚持以人为本，实现思想政治教育工作和思想政治教育对象的全面、协调、可持续发展，统筹思想政治教育，进而提高思想政治教育的主动性、针对性和有效性。

（二）目标合理性原则

1. 目标合理性原则的内涵

思想政治教育目标确定得是否合理，既反映出思想政治教育管理的水平，也决定着思想政治教育的效果。长期以来，我国高校"三全育人"目标的确定偏重于国家意志、远大理想、社会本位和政治标准，忽视教育对象的主体需求和个体差异，缺乏思想政治教育目标的层次性和渐进性，缺少市场经济条件下的现代人格培养要求，用一个统一的难以被受教育者向往的模式去塑造所有的受教育者，最终造成高校"三全育人"目标与思想政治教育实际的脱节，不能发挥其引导发展、提升人格的作用，有时甚至会产生消极影响和逆反心理，思想政治教育的声誉毁坏了，受教育者独立自由的思维、创造的意识、批判的精神等个性心理素质发展需求被忽略和抑制了。因此，迫切需要科学合理地确定思想政治教育目标体系。高校"三全育人"管理的重要任务就是根据思想政治教育目的制定思想政治教育目标。这就要求高校"三全育人"管理必须坚持思想政治教育目标合理性原则，使思想政治教育目标合理定位、层次分明、可行有效。

目标是指在一定时间内所要达到的具有一定规模的期望标准,是预先设计的量和质的标准和规格。高校"三全育人"目标是一定社会对教育所要造就的社会个体在品德方面的质量和规格的总的设想或规定。高校"三全育人"目标告诉我们应该怎样做和达到什么样的水平,它既体现了高校"三全育人"的指向性、计划性,又制约着思想政治教育的内容和方法。高校"三全育人"目标是以未来的结果为指向,是行为愿望和行为结果的辩证统一,是衡量高校"三全育人"成效的标准。同时,高校"三全育人"目标也是各系统(部门、单位)通过实施高校"三全育人",使大学生在政治、思想、道德、心理素养等方面所达到的水平及其标准,是各系统(部门、单位)思想政治教育实践的预期效果。

高校"三全育人"目标的构成不是单一的,而是由多个目标项构成的。一般说来,高校"三全育人"目标可分为纵向目标和横向目标两大类。纵向目标由远期目标、中期目标、近期目标构成。横向目标由总体目标和具体目标构成。不管是纵向目标还是横向目标,每一个目标的提出都是出于一定的利益考虑,如国家利益、民族利益、政党利益、社会利益、集体利益、家庭利益、个人利益,等等。

坚持思想政治教育目标合理性原则是高校"三全育人"管理者在思想政治教育管理实践中为提高思想政治教育的整体功效,发挥思想政治教育目标的统领、激励、整合和提升作用所必须遵循的一项重要准则。第一,要坚持思想政治教育目标主导性与针对性的统一,根据党和国家的要求,高校结合自身特点确定科学合理的思想政治教育目标。第二,要坚持与时俱进,根据时代变化和社会需求不断调整思想政治教育的具体目标。第三,要坚持实事求是、适度超前的原则,克服理想主义、教条主义和主观主义,在确定思想政治教育目标的过程中避免出现盲目拔高或庸俗化的错误。第四,坚持以正确的思想政治教育功能观为指导,合理确定思想政治教育目标及其体系,只有基于正确的思想政治教育功能观才能使思想政治教育工作者的实践立足于其该做且能做的事情上,基于现实,才能卓有成效,由此提出的思想政治教育目标才能发挥应有的作用。

2. 目标合理性原则的作用

（1）体现了党和国家对思想政治教育工作的要求

制定和推行行为规范，要以促进受教育者全面发展为出发点和落脚点，反映时代和社会进步的要求，体现对受教育者的尊重与信任，引导受教育者自觉遵纪守法。这同党中央的要求是一致的。为此，要做好以下工作。

① 对不同的大学生，要分别规范其基本言行，培养良好行为习惯教育，进行爱祖国、爱人民、爱劳动、爱科学、爱社会主义思想政治教育，引导他们树立正确的理想信念和世界观、人生观、价值观。② 我们要制定和推行行为规范，以促进大学生全面发展为出发点和落脚点，反映时代和社会进步的要求，体现对大学生的尊重与信任，引导大学生自觉遵纪守法。③ 我们要坚持贴近实际、贴近生活、贴近大学生的原则，既遵循思想道德建设的普遍规律，又要适应大学生身心成长的特点和接受能力，从他们的思想实际和生活实际出发，深入浅出，寓教于乐，循序渐进。

（2）符合我国社会发展的现实要求

教育是通过培养社会所需要的人来为社会服务的，它从根本上体现了社会及其发展对年青一代的要求，是一项兼具时代性和永恒性的事业。思想政治教育目标总是要以社会发展为参照的，坚持思想政治教育目标合理性的基本要求就是立足现实，充分考虑现实社会对受教育者思想道德发展的影响和要求，实事求是地提出思想政治教育目标。

我国正处于社会主义的初级阶段，要大力发展社会主义市场经济，建设社会主义和谐社会，这是最基本的社会现实。加入世界贸易组织以后，我国的建设和发展将在更加开放的环境中进行，要全方位地参与到国际竞争中去，这些新的社会形势也将对高校"三全育人"提出新的要求。高校

"三全育人"目标的确定必须适应这一特定的历史阶段，充分考虑社会发展状况。

（3）符合受教育者身心发展规律的要求

随着生活的渐趋独立，自主意识的日益增强，认知能力的不断提高，大学生开始进入世界观、人生观、价值观的定型期，思想政治教育目标的确定，必须尊重学生的身心发展特点，运用理论的力量和民主的方法，强化自我教育，提升他们的道德境界和人格品位。把社会要求逐渐"内化"为个体思想、观念、理想、信念，进而再把这种内在的素质"外化"为行为习惯。因此，确定高校"三全育人"目标，既要注重人文、历史、理论素养以及观念、信仰等要求，也要强调知行统一等层面上的要求，注意克服以往重理念、轻实践的偏向，克服部分层次，统一要求，目标过高的弊端。

（三）管理协调一致原则

1. 管理协调一致原则的内涵

具体说来，高校"三全育人"管理协调一致原则的内涵主要包括以下两个方面。

（1）高校"三全育人"管理理论与实践相统一

实践是辩证唯物主义认识论首要的基本观点。人的认识离不开实践，实践也离不开理论的指导。高校"三全育人"管理实践也是社会实践的一种，其目的是提高高校"三全育人"的有效性，发挥高校"三全育人"运用符合经济社会发展要求的科学理论、思想道德观念、法治思想和观念等塑造大学生的思想，转化大学生的思想，提高大学生的觉悟，调动大学生的积极性的作用。

实践是理论的源泉，是检验理论正确与否的唯一标准。理论与实践相统一，是马克思主义的基本原则。大学生要想在学习和生活中取得成绩，就必须做到主观和客观、理论和实践的统一。在社会实践活动中，大学生的各种思想、观念都会暴露出来，高校"三全育人"就是针对在社会实践中大学生暴露的问题进行的转化思想、提高觉悟、调动积极性的过程。在长期的高校"三全育人"管理实践中，高校"三全育人"管理者会不断地总结经验，增长才干，提高高校"三全育人"管理水平。因此，高校"三全育人"实践是高校"三全育人"管理存在的条件和发展的动力。

同时，高校"三全育人"管理实践，必须有高校"三全育人"管理理论的指导。有了高校"三全育人"管理理论的指导，就会头脑清醒，方向明确，目的清楚，行动自觉，效果显著；有了正确的高校"三全育人"管理理论的指导，就会不断增强高校"三全育人"管理的有效性，进而提高高校"三全育人"时效性。因此，高校"三全育人"管理者要认真研究思想政治教育管理理论，注重用理论武装自己，指导实践，做到理论与实践相统一。

（2）高校"三全育人"管理与各项工作相统一

我们党历来注重思想政治教育，不断加强思想政治教育管理。在我们党的历史上，无论是民主革命的胜利，还是社会主义革命和建设的取得的重大成就，都是以思想政治教育为保证的。高校"三全育人"管理与各项工作相统一，发挥高校"三全育人"管理对各项工作的保证作用，结合经济、政治、文化、社会等各项事务，在"结合""渗透"上下功夫，克服"两张皮"的现象，是目前高校"三全育人"必须着力解决的重大课题，是高校"三全育人"不断增强时效性的关键环节。

2. 管理协调一致原则的作用

坚持思想政治教育管理协调一致原则必须加强思想政治教育环境建设，优化思想政治教育氛围。在优化和选择思想政治教育环境时，首先要意识到思想政治教育环境可分为校内思想政治教育环境和校外思想政治教育环境。校外思想政治教育环境按其构成要素分为经济环境、政治环境、文化环境；校内思想政治教育环境分为校园学习环境、校园文化环境和校园物质环境。思想政治教育环境对于学生的成长起到了潜移默化的作用，在当前的历史条件下更应予以高度的关注。一是要从大局出发，维护稳定的政治环境。二是要引导学生学会辨别环境、选择环境和利用环境中的积极因素发展自己。三是加强校园有形的思想政治教育环境建设，优良的有形环境能够对学生品格塑造产生积极的影响，如以校训、格言、雕塑、壁画等的装饰与布置倡导学校精神，展示学校特有的形象，在校园基本设施建设和校园的绿化美化中增添思想文化的丰富内涵。四是要重视营造无形的思想政治教育环境，它主要包括校风、教风、学风、师德和校园文化氛围等方面，应该围绕思想政治教育目标，利用宣传栏、黑板报、广播站、阅览室等媒体和"艺术节""科技节""体育节"等活动载体传播健康向上的文化内涵，引导学生形成奋发向上的精神风貌、系统科学的学习方式和健康文明的生活方式。

（四）注重实效性原则

1. 注重实效性原则的内涵

思想政治教育的实效性是思想政治教育工作富有成效的属性，反映思想政治教育收到实效的程度。注重实效性是高校"三全育人"工作的基本追求。高校"三全育人"的成效包含三个方面：一是高校"三全育人"对提高大学生思想道德素质的作用。二是高校"三全育人"对促进社会的物质文明和精神文明建设的成果。三是系统思想政治教育的效率，即以一定的人力、财力、物力、时间投入获得的效果和效益。

2. 注重实效性原则的作用

（1）遵循思想政治教育管理效益原理的体现

思想政治教育管理的效益原理揭示了思想政治教育管理的本质要求，

是管理科学规律在思想政治教育管理中的运用。思想政治教育管理的效益原理表明，一切管理都在于求实效，在于追求效能、效率和效益。在高校"三全育人"管理系统中，管理者要通过科学合理地配置各个思想政治教育要素和资源，力求以最高的效率、尽可能少的消耗实现思想政治教育目标，培养合格人才，取得思想政治教育管理的最佳效果。管理原理是管理原则的基础和依据。有什么样的管理原理就要求有什么样的管理原则在实践中与之相适应。原理能够反映和揭示实践活动的规律，但不能直接作用于实践。只有按照原理所揭示的规律制定相应的原则，并依此指导管理者实践，才能对实际工作产生作用。坚持高校"三全育人"实效性原则正是体现了思想政治教育管理效益原理的基本要求，也是对思想政治教育管理效益原理的具体运用。

（2）克服形式主义弊端的需要

高校"三全育人"工作虽然得到了一定程度的加强和改进，但仍然存在着形式主义的问题，诸如投入不少，效果不好，学生不欢迎；开展的思想政治教育活动不少，感染学生心灵的不多；用制度约束受教育者的多，善于解决思想问题的少。重形式轻效果，重眼前轻长远，重表面轻实质倾向比较严重。一些教师看不到实效性在事物发展中的决定作用，一味地走过场，搞形式，片面追求轰动效应。对思想政治教育效果关注不够，没有把思想政治教育的实效性作为思想政治教育的生命线来抓，结果造成思想政治教育缺乏实效性，严重地损坏了思想政治教育的形象，甚至在学生中产生了对思想政治教育的逆反心理。在高校"三全育人"管理中坚持思想政治教育实效性原则，有利于在思想政治教育工作中增强实效性意识，发扬求真务实的作风，突出实效性的思想政治教育标准，进而降低和消除形式主义的影响。

第二节　高校三全育人管理的目标与机制

一、高校"三全育人"管理的目标

高校"三全育人"管理是合规律性与合目的性的统一。在高校"三全育人"管理活动中，必须确立科学的目标，以明确管理的方向，保证整个管理活动朝着正确的方向进行。

（一）高校"三全育人"管理的科学化

高校"三全育人"管理活动的基本的目标是实现管理的科学化。这种管理的科学化是规范化管理、制度化管理和民主化管理的有机统一，是决策科学化和管理过程科学化的统一。其中，决策科学化和管理过程科学化贯穿于管理规范化、管理制度化和管理民主化之中。

1. 管理规范化

高校"三全育人"管理规范化是指由开始不大规范的管理向规范管理变化的过程，其目标是实现管理的规范化。规范化管理具有规章明确、原则性强、操作性强、体系健全、机制协调、运行有序等基本特性。规范化管理是高校"三全育人"管理活动科学化的一个重要标志。它要求高校"三全育人"工作者必须遵循实事求是的原则，遵循大学生思想政治素质形成和发展的规律和高校"三全育人"过程的规律，在管理活动中遵守科学的程序和方法，严格按规章制度办事，不掺杂私人情感，使高校"三全育人"管理工作能够协调、有序、顺利地进行。

2. 管理制度化

管理制度化也是高校"三全育人"管理科学化的一个重要内容。高校"三全育人"管理要具有可操作性，就必须使思想政治理论课教学管理和大学生日常思想政治工作以及高校"三全育人"队伍建设等方面实现制度化。实现高校"三全育人"管理的制度化，一方面要引导高校"三全育人"者树立正确的管理制度观念，增强管理制度意识，形成管理制度的权威性，既要积极主动地参与管理制度的制定和完善，又要认真自觉地遵守制度，执行制度；另一方面还要加强制度建设，以中央文件和上级主管机关有关文件精神为指导，依据国家的法律法规，结合学校的实际情况，制定好思想政治理论课建设、大学生日常思想政治工作以及高校"三全育人"队伍建设的规章制度和纪律。

3. 管理民主化

管理民主化是高校"三全育人"管理科学化的重要体现。高校"三全育人"管理活动只有发扬民主作风，坚持民主方法，使民主原则贯穿管理过程始终，渗透到每一个管理环节，才能保证高校"三全育人"目标的实现。高校"三全育人"管理的民主化，要求领导者能够充分发挥高校"三全育人"队伍成员和大学生在民主管理中的作用，善于调动高校"三全育人"队伍成员和大学生在民主管理中的积极性，善于听取、吸收、采纳高校"三全育人"工作者、学生和学校其他管理部门的意见和建议。

（二）高校"三全育人"管理的有效性

高校"三全育人"管理科学化的另一基本目标是使管理活动具有有效性。高校"三全育人"管理工作可能产生三种后果：一是管理活动产生积极的效果，出现正效应，即管理具有有效性；二是管理活动流于形式、走过场，没有产生积极的效果，这样的管理具有无效性；三是管理活动带来的后果是消极、负面的影响，这样的管理具有有害性。如果产生的是第一种后果，就是管理的成功，就是有效的管理；如果产生的是第二、三种后果，则是管理的失败。高校"三全育人"管理追求的是第一种后果，要尽量避免的是第二、三种后果。

高校"三全育人"管理有效性的主要判断标准：一是通过管理活动看是否促进了高校"三全育人"活动的有效开展；二是通过管理活动看是否促进了大学生思想政治素质的形成和发展，是否进而促进了大学生其他方面的发展和学业的完成；三是通过管理活动看是否促进了高校"三全育人"队伍的建设；四是通过管理活动看是否促进了学校的教学、科研和其他工作的协调发展。

二、高校"三全育人"管理的机制

（一）高校"三全育人"管理机制的内涵和特点

机制一词原是机械学上的概念，意指机器的内部构造、运转过程中各零部件之间的相互关系及运行原理，现在它被广泛应用于各个学科之中。机制主要包括三方面的内容：一是组成方式。作为一个整体，机制是由若干要素按照一定方式组合而成。二是作用方式。组成机制的各要素总是按照一定的方式相互作用。三是生成方式。按照某种方式组合在一起的各要素，通过相互作用而导致系统整体的生成、运行，并产生特定的功能。高校"三全育人"管理机制，是指在思想政治教育管理各要素的构成方式、作用方式以及由此产生的思想政治教育管理活动整体的运行方式和功能。

1. 规律性

高校"三全育人"不以管理者和教育者的主观意志为转移，它有其产生和赖以存在的客观条件，具有客观必然性。同时，高校"三全育人"内容的安排设置、体系的展开还必须遵循人的思想活动发展规律。因此，对高校"三全育人"的管理，必须以尊重高校"三全育人"活动的客观性和发展规律为前提。作为高校"三全育人"管理诸要素组合方式、作用方式和系统生成方式的管理机制，是对高校"三全育人"管理活动的客观反映，必然呈现出许多规律性的内容，使其具有规律性的特点。

2. 目标性

高校"三全育人"管理机制具有明确的目标性，是指它既规定了自身的运行方向，也确定了管理活动要达到的结果。高校"三全育人"管理机制的目标主要包括两个方面内容。高校"三全育人"管理的直接目标要求高校"三全育人"管理要实现科学化。这主要体现为管理规范化、管理制度化和管理民主化的有机统一。高校"三全育人"的最终目标是发挥高校"三全育人"管理的社会效用。在社会主义制度下，高校"三全育人"管理必须能够帮助高校学生认清自己在整个教育系统和社会系统发展中的主体地位，调动其主体意识，激发其创造潜能，促进人的自由和全面的发展；必须有效地促进有中国特色社会主义事业的全面发展，确保经济建设、民主政治建设和高校思想文化建设的协调发展。

3. 复杂性

高校"三全育人"的管理机制是一个复杂的系统。首先，其工作对象是大学生，大学生思想的多样性和复杂性的态势决定了思想政治工作管理的复杂性。其次，人的思想观念的形成、思想认识的转变是一个长期复杂的过程。而且人的思想具有反复性，新高校思想的形成，旧思想的克服，都是在多次反复中完成的。这些增加了高校"三全育人"管理的难度。再次，社会意识有相对独立性，当它赖以确立的社会存在消亡后，还会存活很长时期。另外，国际敌对势力也会趁机从对大学生的思想进行渗透和颠覆。所有这些因素都决定了我国意识观念领域斗争的长期性和复杂性，也决定了高校"三全育人"管理工作的复杂性。

高校"三全育人"管理机制的复杂性主要表现在以下两个方面：

（1）高校"三全育人"管理机制的构成要素具有复杂性

高校"三全育人"管理机制包括管理主体、管理方式和管理机制运行的目标、环境、程序、动力、保障等诸多要素，每个要素都构成一个复杂的系统。

（2）高校"三全育人"管理机制具有可变性和可换性

构成高校"三全育人"管理机制的要素具有多变性，例如工作内容、管理机制的创新，动力、保障机制的调整完善等，一成不变的要素无法适应现代管理的需要。此外，高校"三全育人"管理机制具有不确定性，没有固定的、一成不变的管理模式。

4. 系统整合性

管理工作可以分为两种类型：一种是有效管理，即管理活动产生了积极的效果，出现了正面效应；另一种是无效管理，管理活动流于形式、走过场，没有发挥社会效用而出现了负面效应。因此，为了保证管理活动处于良性状态，必须对管理进行整体性的统一协调。对高校"三全育人"管理机制来说，它所具有的整体综合、统一协调功能，就体现出了它的整合性特征，具体表现在两个方面：

（1）对工作系统内部进行整体性的统一协调，包括调整各部分的具体行为，使之处于最佳状态；调整系统内部各部分之间的相互制约关系，防止某一个或某几个部分行为失控而导致整个系统的紊乱；调整各部分之间的构成方式、作用方式，使之相互关联，相互促进，形成共同的着力点。工作系统内部的整合协调，是通过对系统各要素及其相互关系的调整，使整体处于最佳状态，产生出整体大于部分之和的综合效应。

（2）协调系统与外部环境之间的关系，使系统与外部环境之间的物质能量转换处于良性循环状态。高校"三全育人"管理的效果不仅取决于它自身，还受外部环境的影响。

5. 弱结构性

结构是指系统对其组成部分的组织方式、整合方式。所谓的弱结构性就是系统的各组成部分之间关系变化大,影响因素多,定性因素多,定量因素少,易出现系统整体状态、特性、行为和功能差异与变化大,使人不易把握的现象。由弱结构性引起来的问题是许多管理机制都具有的特点,例如经济管理机制的运行就经常受到管理主体、国际国内经济政治环境、经济成分、科学技术甚至自然条件等多方面因素的影响和制约,从而引起结构的变化,需要对管理机制进行不断地调整。具体到高校"三全育人"管理问题上,在管理中需要坚持原则性与灵活性相结合、系统性与针对性相结合、定性分析与定量分析相结合的原则。

正确认识高校"三全育人"管理机制的弱结构性,有助于在管理中针对其特点采取灵活的管理方式,防止僵化管理;有助于增强管理者的系统观念,防止仅关注或注重某个要素或某个环节的建设而忽视管理机制整体、缺少大局观念现象的发生;还有助于增强管理过程中的预见性,依据个别部分的变化来判断整个机制的结构性变化,及时调整管理行为,使思想政治工作管理沿着健康的方向运行。

（二）高校"三全育人"管理机制的内容

高校"三全育人"管理机制与思想政治工作管理机制密切相关,具体来说,主要包括导向机制、协调机制、激励机制和约束机制四方面的内容。

1. 导向机制

高校"三全育人"管理的导向机制的构建直接关系到能否坚持高校"三全育人"管理的价值取向,对于动员高校"三全育人"管理各要素为实现高校"三全育人"管理目标服务具有关键性作用,在高校"三全育人"管理机制体系的构建中居于主导和首要地位。高校"三全育人"管理导向机制是指高校"三全育人"管理组织所具有的引导高校"三全育人"管理对象朝着实现高校"三全育人"管理目标的方向发挥积极作用的机能。

（1）高校"三全育人"管理导向机制

① 目标导向

高校"三全育人"管理主体通过向全体人员提出明确的高校"三全育人"目标、高校"三全育人"组织系统目标、高校"三全育人"管理系统目标，引导大家为实现这些目标努力工作。

② 政策导向

高校"三全育人"管理政策导向就是高校"三全育人"管理主体通过制定各项政策向有关人员表明重视高校"三全育人"、加强和改进高校"三全育人"工作的态度以及措施，以此引导大家为做好高校"三全育人"工作而努力。这些政策可分为三类：第一类是针对高校"三全育人"工作效果提出的导向性要求；第二类是对社会有关方面提出的导向性要求；第三类是对个人提出的导向性要求。

③ 舆论导向

舆论导向，又称舆论引导，是指运用舆论的力量引导人们的高校思想意识和行为，进而达到管理者的目的。高校"三全育人"管理舆论导向是加强和改进高校"三全育人"工作的重要力量。注重发挥舆论导向作用是抓好高校"三全育人"工作的基本经验。作为高校"三全育人"管理导向体系的重要组成部分，高校"三全育人"管理舆论导向要求高校"三全育人"管理主体运用各种舆论工具，宣传党的高校"三全育人"方针政策、宣传高校"三全育人"领域的先进典型事迹，以引导和鼓励人们重视和做好高校"三全育人"。

④ 行为导向

高校"三全育人"管理行为导向机制就是通过各级管理者，特别是高级领导者在高校"三全育人"管理和高校"三全育人"实践中的身体力行，引导人们重视高校"三全育人"和积极做好高校"三全育人"工作。高校"三全育人"管理的行为导向要求高校"三全育人"工作的领导不仅要动员广大职工重视和加强高校"三全育人"工作，自己也要以模范行为投身高校"三全育人"工作；不仅要组织制定加强和改进高校"三全育人"工作的文件，还要深入实际带头督促和落实文件精神，加强对高校"三全育人"实践的指导。

⑤ 用人导向

高校"三全育人"管理用人导向是整个高校"三全育人"管理导向体系中最有效力的导向机制，对高校"三全育人"工作者能否给予适时提拔，以什么标准提拔，这是对高校"三全育人"的开展带有根本性影响的问题。在干部选拔任用工作中，要杜绝凭关系用干部，凭"票数"用干部，凭资历用干部。与此同时，要求我们必须坚持以高校"三全育人"业绩为根本标准，真正形成公开、平等、竞争、择优的用人导向，要坚持标准、公平、公正，凭德、才和业绩用干部，从用人导向上保证高校"三全育人"工作的有效开展。

⑥ 评估导向

高校"三全育人"管理评估导向是高校"三全育人"管理主体依据一定的评估标准，对高校"三全育人"组织或高校"三全育人"工作者的工作及其成效进行价值判断，从而引导高校"三全育人"组织或高校"三全育人"工作者努力达到评价指标体系要求的过程。目前，教育部组织的高等学校教学工作水平评估已经把学校高校"三全育人"工作状况纳入评估指标体系之中，从而使评估导向在高校"三全育人"实践中发挥着越来越重要的作用，成为引导学校高校"三全育人"发展的有效机制。

（2）高校"三全育人"管理导向机制的建设要求

① 要体现高校"三全育人"管理系统的目的性

高校"三全育人"管理导向机制作为高校"三全育人"管理系统的有

机组成部分，担负着引导高校"三全育人"管理对象为实现高校"三全育人"管理目标努力工作的职能。高校"三全育人"管理目标是高校"三全育人"管理目的的具体化，一切高校"三全育人"管理活动都应围绕高校"三全育人"目的的要求展开。这就要求高校"三全育人"管理导向机制的一切措施都应该服从和服务于高校"三全育人"目的，要求我们在建设高校"三全育人"管理导向机制时，要以促进高校"三全育人"目标的实现为价值取向，把管理对象的利益和需求同高校"三全育人"目标的实现连接起来，引导广大高校"三全育人"工作者为实现高校"三全育人"目标奋斗。

② 要注重高校"三全育人"管理导向作用的普遍性

高校"三全育人"管理导向机制的作用发挥得如何，是不是对高校"三全育人"管理对象具有普遍的影响力，直接关系到高校"三全育人"事业的健康发展。这就要求我们在进行高校"三全育人"管理导向机制建设时，要注意让高校"三全育人"管理导向机制的效力普遍适用于高校"三全育人"管理对象，充分考虑每一位高校"三全育人"工作者的利益和需求，所采取的措施要提供给每一位高校"三全育人"者追求利益的平等的机会，不能存在歧视性和排他性规则。只有这样，导向机制才能具有普遍效力，对每一个高校"三全育人"组织和高校"三全育人"工作者都具有引导作用。

③ 要保持高校"三全育人"导向机制的稳定性与可塑性的统一

高校"三全育人"管理导向机制的稳定性主要体现在高校"三全育人"管理导向机制对人们的引导是一个定向的和持续有效的作用过程上。由于高校"三全育人"管理环境的不断变化，要保证高校"三全育人"管理与之相适应，就必须及时调整高校"三全育人"导向机制的作用方向，引导高校"三全育人"系统适应新曲变化，体现人的选择自由，使人对高校"三全育人"管理导向机制内容做出适合人的偏好的选择，因此，高校"三全育人"导向机制又必须要具有可塑性。这样一来，便出现了稳定性与可塑性之间的矛盾。稳定性强，可塑性便弱；可塑性强则稳定性就弱。这就要求我们进行高校"三全育人"管理导向机制的建设时必须要重视稳定性与可塑性的统一。

2. 协调机制

增强高校"三全育人"系统的协调性是构建和完善高校"三全育人"管理机制的一个重要目标。在高校"三全育人"管理系统的建设中，建立有效的协调机制对于提高高校"三全育人"管理水平，创造出一个团结一致的高校"三全育人"组织整体并有效地开展高校"三全育人"工作，实现"整体功能大于部分功能之和"的目标具有重要意义。

（1）高校"三全育人"管理协调机制构成

① 会议协调制度

会议协调是指根据协调内容的需要，召集相关人员开会就有关问题进行协调。在这样的会议上，各方面的人员可以交流信息、提出问题、交换意见、讨论对策、达成共识。会议协调有助于相关人员了解全面情况，改变自己的狭隘想法，各方面通过商讨形成统一意志，从而有利于在执行中相互配合，形成整体合力。

② 访谈协调制度

访谈协调是指与具体的高校"三全育人"者进行接触谈话，了解其工作状态，解决其工作困难，协调各项思想政治工作任务。需要指出的是，无论有无需要协调的问题，高校"三全育人"管理者都要坚持走访基层的高校"三全育人"工作者。通过走访，有助于使高校"三全育人"工作者消除自卑感，增强自信心和自尊心，改善个人心理状态，振奋工作精神，积极向组织反映他们的意见和建议，努力投身高校"三全育人"工作。访谈还有助于改善基层高校"三全育人"工作者对组织的认识和态度，促进高校"三全育人"管理者与基层高校"三全育人"工作者更好地配合，实现上情下达，形成共同的高校"三全育人"愿景。

③ 指导性协调

高校"三全育人"管理中的协调常常是对具体关系所采取的指导性措施，因此，指导性协调是高校思想政治共组管理协调机制的重要内容之一。这里说的指导，是针对高校"三全育人"者对高校"三全育人"的不同理解，在执行中发生的偏差虽进行的及时地指导，其目的在于统一高校"三全育人"工作者的认识从而统一行动。指导的表现形式之一是建议，建议是高校"三全育人"管理者对高校"三全育人"工作者提出的一种明显的影响他人的想法或提出某种可供选择的方案，希望他们能够加以接受。这种建议一般要给接受建议者以选择的余地，因此不同于命令。此外，还有一种变性指导即劝说。劝说是建议的进一步强化。它是用忠告、督促和诱导的办法来说服人做某件事的方法。它比建议含有一定的压力，但也不具有命令的强制性。

④ 文化协调

文化协调是一种无形的协调，它没有协调者，但却无时无刻不在发挥着协调作用。我们可以通过建设校园文化，形成全员共同接受的价值观，以此协调全体高校"三全育人"工作者的行动。追求无形的协调作用出发，在校园文化建设中注入饱含整体意识、牺牲精神、合作意识、和谐的愿望的价值观，是我们构建高校"三全育人"协调机制的中的文化协调的重要内容。

（2）高校"三全育人"管理协调机制的建设要求主要有以下三点：

① 要树立共同高校"三全育人"愿景

协调需要明确方向，即朝一个方向协调，是大家为一个目标努力。个人目标与组织共同目标是时常不一致的，个人之所以愿意为实现组织的共同目标而努力工作，是因为他期望在实现组织共同目标的过程中能够使他的个人目标得到满足。组织成员对组织共同目标的理解，可分为两种：一是协作性理解，它是指组织成员脱离个人立场而站在组织整体利益的立场上客观地理解组织的共同目标。二是个人性理解，它是指组织成员站在个人立场上主观地理解组织的共同目标。当组织共同目标比较复杂和抽象时，这两种不同的理解经常会发生矛盾。这就要求管理人员要协调个人目标与组织共同目标之间的矛盾，帮助组织成员加深对组织的共同目标的认识，并努力避免组织目标和个人目标的不一致或理解上的背离。这就需要我们树立共同的高校"三全育人"愿景，在高校"三全育人"管理目标的实现过程中要体现高校"三全育人"工作者个人目标的实现。共同的高校"三全育人"愿景是达成意愿协作的必要前提，是随着高校的发展和高校"三全育人"环境的改变而随时调整的。高校"三全育人"工作者的协作意愿没有共同的高校"三全育人"愿景是发展不起来的。没有共同的高校"三全育人"愿景，高校"三全育人"工作者就不知道他们应怎样努力，他们也不知道协作的结果将使他们得到哪些满足，于是就不能从中诱导出协作意愿来，从而不会进行协作活动。由此可以看出，树立共同的高校"三全育人"愿景具有重要意义。

② 要增强协作意愿

高校"三全育人"系统的协作意愿是指高校"三全育人"工作者对高校"三全育人"系统目标做出贡献的意愿。有协作意愿，意味着放弃了个人意愿的控制权，让组织决定，个人行为组织化，其结果是个人努力实现组织目标。相反，如果缺少协作意愿，高校"三全育人"系统的协调性就难以存在。由于高校"三全育人"工作者之间在素质上存在差异，即使是同一个人，其协作意愿的强度也会随着时间和外界条件的变化经常地变化着，因此，高校"三全育人"组织内协作意愿总是不稳定的。另外，个人协作意愿强度的高低，取决于自己提供协作而导致的"牺牲"与高校"三全育人"组织因为自己的协作而提供的"诱因"这两者之间的比较因此，高校"三全育人"管理组织为了提高高校"三全育人"工作者的协作意愿，一方面要提供必要的激励要素；另一方面要运用说服力来启发高校"三全育人"工作者的主观态度，培养他们的协作精神，号召他们爱岗敬业、精心育人，为人民的工作事业做出贡献。

③ 要加强信息沟通

高校"三全育人"系统的存在及其活动是以信息沟通为条件的。高校"三全育人"者的协作意愿和高校"三全育人"组织的共同愿景只有通过信息沟通才能将两者联系和统一起来，形成动态的结合。没有高校"三全育人"组织内部的信息沟通，高校"三全育人"组织就无法了解高校"三全育人"工作者的协作意愿及其强度，也就无法统一和协调高校"三全育人"工作者为实现高校"三全育人"目标而采取的行动。因此，加强高校"三全育人"组织信息沟通是构建高校"三全育人"协调机制，实现高校"三全育人"目标的基础。

3. 激励机制

高校"三全育人"管理激励机制就是指高校"三全育人"管理组织依据人的需要、动机和激励作用的内在关系建立起来的具有激发高校"三全育人"管理对象积极进取作用的机能。构建以高校"三全育人"管理目标为取向的高校"三全育人"管理激励机制，就是把高校"三全育人"工作者的利益（需要）、动机、行为、结果（目标）通过某些载体（如政策、制度等）有机地联系起来，形成自添动力，充满生机的高校"三全育人"管理系统。高校"三全育人"管理的激励机制是高校"三全育人"管理机制体系中承担着提供内在驱动力，改善和激发要素状态，增强高校"三全育人"组织活力的一种特殊机能。这一机能的充分发挥，可以使广大高校"三全育人"者切实感到劳有所得、学有所用、才有所展、功有所赏，对于推动高校"三全育人"教育系统不断完善，更好地完成思想政治工作任务具有重要作用。

（1）高校"三全育人"管理激励机制的构成主要的内容

① 物质激励

物质激励是运用工资、奖金和物质奖励等经济手段和方式来满足高校"三全育人"工作者的物质需求，调动他们的高校"三全育人"工作积极性，实现高校"三全育人"管理目标的一种激励要素。物质激励是管理活动的基本手段，它对高校"三全育人"管理也有重要作用，是高校"三全育人"管理激励机制中最基本的力量。恰当地运用物质激励可以使高校"三全育人"工作者在满足物质利益需要的情况下，工作积极性得到充分调动。在高校"三全育人"管理实践中，需要贯彻物质利益原则，把高校"三全育人"目标的实现同高校"三全育人"管理对象个人利益的满足紧密地结合起来，特别要对一线的高校"三全育人"工作者实行倾斜政策。

② 文化激励

文化激励是指通过营造优良的学校文化对高校"三全育人"管理对象产生激发、动员、鼓励和推动作用。这种激励作用的结果，往往可以起到巩固和促进高校"三全育人"工作者坚定信念、真诚如一地为学校的发展而尽职尽责工作的效果。文化影响人，文化塑造人，不同的文化对人产生不同的影响。文化激励的具体内容很多，如高校思想工作、业务培训、团队学习、危机工作、形象建设等都是文化激励的重要方式，在此基础上不断创新文化激励方式并加以制度化，就构成了持续发挥作用的稳定的文化激励机制。

③ 工作激励

在高校"三全育人"管理中，工作激励的本质就是为高校"三全育人"工作者创设畅顺的事业发展通道。需要层次理论表明，物质需要是人类较低层次的需要，而自我实现才是人的最高层次的需要。事业发展属于满足人的自我实现需要的范畴，助人事业发展会产生更大的激励作用。由于人的需要各不相同，因此，激励人的措施也要因人而异，在工作分配中要充分考虑人的需要因素，以激发他们的工作热情。

④ 奖惩激励

在高校"三全育人"管理中，奖惩激励就是根据高校"三全育人"工作者的工作成果或行为后果，按照部门的有关规定进行奖励或惩罚。一般来说，奖励包括颁发奖金、加薪、表扬、授予荣誉称号、提职、晋级等，惩罚包括批评、罚款和行政处分。奖惩激励是强化激励作用的外在表形式。

⑤ 竞争激励

在高校"三全育人"管理中，竞争激励是高校"三全育人"管理主体为了激发高校"三全育人"工作者努力工作的进取精神，运用制度和组织手段把竞争引入高校"三全育人"系统中，促使高校"三全育人"工作者之间相互竞赛、区分优劣的过程。高校"三全育人"管理中的竞争分为个人竞争和团队竞争；岗位竞争和成果竞赛；部门内外的竞争。

⑥ 自我激励

作为高校"三全育人"管理激励体系的一部分，自我激励是高校"三全育人"管理主体引入的高校"三全育人"工作者自定目标、自我承诺、自负压力的激励过程。在同一条件下的自我激励有时比其他激励方式更具有强烈性、深刻性和持久性。

（2）高校"三全育人"管理激励机制的建设要注意方面

① 高校"三全育人"管理者要增强激励意识

高校"三全育人"管理者的管理能力在于提高高校"三全育人"工作者的满足度，这种满足主要体现在非物质需要上。增强激励意识，善于鼓舞士气和满足被管理者的多重需要是对高校"三全育人"管理者提出的基本要求。同时，高校"三全育人"管理者要善于从激励的要求出发，摆正与被管理者的相互关系，尊重他们，相信他们，平等相待，使被管理者产生亲切感和信任感。

② 激励措施要体现公平性

体现公平性是建设高校"三全育人"管理激励机制的一个很重要的原则，任何不公的待遇都会影响高校"三全育人"工作者的工作情绪和工作效率，影响激励效果。取得同样成绩的高校"三全育人"工作者，一定要获得同等层次的奖励；同理，犯同等错误的人，也应受到同等程度的处罚。

如果做不到这一点，高校"三全育人"管理者宁可不奖励或者不处罚。高校"三全育人"管理者在对待高校"三全育人"者的问题上，一定要有一种公平的心态，不应有任何的偏见和喜好，不能有任何不公的言语和行为，否则，激励机制将失去其应有的作用。

③ 激励措施要因人而异

由于人的需要存在个体差异性，因此激励人的措施也要因人而异。人有三类基本需要：第一类，是对权力的需要。具有较大权力欲的人对施加影响和控制表现出极大的关切。第二类，是对社交的需要。需要社交的人常从友爱中得到快乐。第三类，是对成就的需要。需要成就的人，对成功有一种强烈的要求，同时也十分担心失败。这类人愿意接受挑战，为自己树立一个具有一定难度的目标（但不是不能达到的）。高成就感的人希望有能独立解决问题的工作环境，以便发挥这方面的才能。他们只要有了这种环境，不必再提供其他方面的激励，也能积极工作。他们只有在靠自己的能力解决问题时，才会感到成就的满足。如果问题的解决是靠别人的帮助或偶然的机会，他们是不会感到满足的，不会认为取得了成就。所以组织上应该为这类人安排具有挑战性的工作，并给予一定的自主权，这样就能发挥他们的积极性。没有一种环境对每一个人都是最优的，没有一种个性对所有的环境都有最高的生产率，而且没有一种关于激励效果的概括能适用于所有的工作。所以，对于高校"三全育人"的激励机制来说，要善于按人的能力和心态，有针对性地采取激励措施。

④ 激励的载体要具有多样性

决定工作满意度的六个主要因素：报酬、工作本身、提升、管理、工作组织和工作条件。因此，高校"三全育人"管理者可以从这六个方面着手，实现高校"三全育人"管理激励机制载体的多样化，满足广大高校"三全育人"工作者的社会需求与心理需求等各方面的需求，从社会、心理方面来对他们进行激励。

4. 约束机制

如果失去了约束，任何事物的发展都会偏离正轨。高校"三全育人"系统是有目的、有结构、有功能的人为形成的组织。要保持其正常、有效地运行，同样需要约束力。这种约束既作用于组织整体，更作用于组织中的具体的人。无论是从当前还是从长远看，构建科学有效的高校"三全育人"管理约束机制都具有十分重要的意义。高校"三全育人"管理约束机制是在高校"三全育人"组织内为实现自身目标而构建的制约高校"三全育人"工作者行为的机能。它是高校"三全育人"管理机制体系的重要组成部分，担负着规范、限制、威慑、警示的职能，是保证高校"三全育人"工作健康、有序、有效开展的必要条件，对增强高校"三全育人"实效性具有不可替代的作用。高校"三全育人"管理约束机制是由多重约束构建而成的。

（1）高校"三全育人"管理约束机制构成

① 法规约束

法规约束是以法律、制度、规范的形式对高校"三全育人"组织及其个人的行为予以约束。这种约束刚性强，覆盖面广，稳定性好，是高校"三全育人"管理约束机制的主要形式。

② 体制约束

体制约束主要是管理体制约束。管理体制约束不同于制度约束，它是通过明确组织结构部门职责、相互关系、工作程序的方式建立管理格局，形成上下级之间、部门之间相互联系、相互监督、相互制约的关系，进而融入约束机能，形成约束机制。避免和减少高校"三全育人"工作偏差，取得最佳高校"三全育人"管理效果的重要因素。

③ 文化约束

文化约束是一个大概念，它包括高校思想道德约束、自我约束、舆论约束和社会环境与社会心理约束。

（2）进行高校"三全育人"管理约束机制的建设要求

① 要依法约束

约束要有规则，否则就会出现混乱。坚持依法约束的原则就是要求我们在构建高校"三全育人"管理约束机制时，严格依法行事。首先，要把国家的法律法规作为高校"三全育人"管理的首要约束准则。其次，要依照国家法律法规制定本系统（部门、单位）的思想政治工作管理制度，规范工作程序、工作关系、工作要求和工作纪律。再次，要严格按照国家法律法规和本系统（部门、单位）制度实施高校"三全育人"管理约束行为，不搞随意约束。

② 要适度约束

适度约束就是要把握约束的范围和力度。既不能造成对违法违规的行为约束不力，又不能扩大约束范围，束缚高校"三全育人"工作者的自主性和能动性。这就要求我们在进行高校"三全育人"管理约束机制的建设时，要认真研究高校"三全育人"组织和高校"三全育人"工作者的行为分类及其特点。概括地说，高校"三全育人"组织和高校"三全育人"工作者的行为可分为四类：第一种是高校"三全育人"管理行为，主要由党、政、群领导承担。第二种是高校思想政治理论工作行为，主要由高校"三全育人"工作者承担。第三种是日常高校"三全育人"工作，主要由高校"三全育人"工作者承担。第四种是高校"三全育人"研究行为，主要由高校"三全育人"理论工作者和高校"三全育人"研究人员承担。不同的高校"三全育人"，需要约束的方式和力度不同。

③ 重点约束

不同类型的高校"三全育人"行为，出现问题的概率和严重程度不同，所需要约束的力度也不同。这就要求我们不能在实施约束上平分精力，必须找到约束的重点，从而在构建约束机制和实施高校"三全育人"管理约束时，集中精力，抓住重点，保证约束效果。权力集中的地方，特别是关系到组织和个人利益的权力拥有者，是高校"三全育人"管理监督约束的重点，高校"三全育人"领导干部是高校"三全育人"管理约束对象的重中之重。同时，对高校"三全育人"工作者的纪律约束也不能放松。

④　要有效约束

高校"三全育人"管理约束机制是保证高校"三全育人"工作健康运行，实现高校"三全育人"目标的必要条件。进行高校"三全育人"管理约束机制建设的根本目的是预防高校"三全育人"工作出现混乱和高校"三全育人"人员出现违章问题。能否达到这一目的是检验约束机制是否有效的唯一标准。如果离开了有效性，高校"三全育人"管理约束机制的存在就会毫无价值。追求高校"三全育人"管理约束机制的有效性是我们的重要目标。要提高高校"三全育人"管理约束机制的有效性，就必须做到以下方面：要着眼全局，以实现高校"三全育人"目标为最终目的，从全局需要出发选择约束内容；要尊重规律，保证约束机制构建的合理性；要使约束职能和内容随着时代、环境、主体、客体的变化而作相应的调整；要体现权、责、利三者的统一，保持均衡，缺一不可。

总之，建立一整套约束机制，对于规范高校"三全育人"组织和高校"三全育人"工作者的行为、完善高校"三全育人"管理机制、提高高校"三全育人"工作者的素质，最终实现高校"三全育人"目标具有十分重要的意义。

第三章　三全育人视域下高校教学管理模式

第一节　高校教育组织与管理理论

一、高校教育组织与管理概述

（一）高校教育组织与管理的认知

1. 教育组织与学校组织

（1）教育组织

所谓教育组织，是指国家为实现教育目标、完成教育任务而对教育事业及教育的内外部活动和关系进行计划、指挥、协调、监督和控制的组织机构。教育组织的工作范围包括教育所要处理的内部和外部关系，对参与教育活动全过程的人、财、物、时间、信息等进行合理的安排和利用，还包括社会教育活动。

（2）学校组织

学校自诞生起，即是一种组织化了的社会单位。组织包括三种类型，即：规范性组织、功利性组织和强制性组织。学校从事有计划、有组织的教育教学活动，并且主要是通过态度、价值、理想等各种教育评价来完成其教育教学目标，教师行为需要符合教师的职业道德规范、教育规范，学生行为需要符合学生日常行为规范。因此，学校组织是一种有目的、有计划地进行教育教学活动的规范性社会组织。

（3）教育组织与学校组织概念辨析

从范围和规模的角度，教育组织可以分为宏观教育组织和微观教育组织。宏观教育组织是指一个国家或地区内根据一定的目的、任务和形式，从总体上对教育事业的发展进行计划、指挥、协调、监督和控制的组织机构，具有制订教育发展规划、制定教育政策、分配教育经费、控制教育发展速度和规模、监督教育实践等职能。微观教育组织主要是指学校教育组织，其作用在于制订学校发展规划并使学校工作计划转化为行动，将教育的各类活动付诸实践，使学校的人、财、物处于一个有效的、不断运转的动态系统中，最大限度地发挥其使用价值，实现学校效能的提升，最终完成教育任务。由此，从外延来看，教育组织的外延要比学校组织的外延更为宽广，教育组织包含了学校组织，学校组织是教育组织的一种形式，可视为教育组织的一个子系统。

2. 教育管理与学校管理

（1）教育管理

教育管理行为是指在一个国家或地区的政治、经济与文化环境的制约下，在教育管理部门领导者教育价值观的支配下，各教育行政部门和学校根据相应的科学管理原理所进行的预测与规划、组织与指导、监督与协调、激励与控制等，以使有限的教育资源得到开发和合理配置，实现提高教育质量、增进办学效益、稳定教学秩序、改善办学条件等目标。

（2）学校管理

学校管理是学校为了有效地达到教育、教学目标，其管理人员通过协调学校内部各种资源及其与外部环境的关系，以确保学校按教育规律进行正常运转的活动。

（3）教育管理与学校管理概念辨析

"教育管理"的内容较为复杂，可以分成三个层面：第一个层面是班级管理，即班级组织层面上的教育管理；第二个层面是学校管理，即学校组织层面上的教育管理；第三个层面是教育行政，即教育制度（系统）层面上的教育管理"教育管理"是对上述三个不同层面的教育管理活动的概括和统称。教育管理外延要比学校管理外延大，学校管理只是教育管理中一个层面的管理活动。

（二）高校组织理论的演变

1. 古典组织理论的演变

古典组织理论最基本的哲学观是"经济人"假设"经济人"假设把人看作经济动物，认为人的行为动机以获得经济利益为取向。对学校组织影响较大的古典组织理论即科层制理论。

第一，科层制理论及演变。科层制模式，主要包括明确的职责分工、自上而下的等级系统、奉行理性原则、遵守规则和纪律等。一是劳动分工。在科层制模式中，工作任务根据组织目的和工作类型进行划分，职责范围十分明确。劳动分工导致专业化的产生，使员工成为每一个特定岗位上的专家。二是等级权威。在科层制组织中，组织遵循等级制度原则，职权关系垂直分布，形成严密的上下级关系，每个员工都受到高一级员工的控制和监督，每个员工都拥有明确的权威与责任。三是规章制度。规章制度规定了每个职位的权利与义务，组织成员需严格遵循规章制度对待工作，从而促进组织非人格化取向的产生。这种非人格化取向旨在避免组织成员的个人观念和倾向影响组织的理性决策，以确保组织目标的实现。四是效率。劳动分工和专业化造就了专家，而非人格化取向的专家会依据事实在技术上作出正确、合理的决策。一旦作出合理的决策，权威等级体系就会保证对指令的规训化服从，并遵从规章制度，形成一个协调优良的执行系统，保证组织运行的统一性和稳定性。

第二，学校中的科层制理论及演变。学校中至少存在以下两类基本组织：一是负有责任制度与管理职能的科层组织，其职责包括协调与社区的关系、贯彻法律、管理内部事务、获得和分配必需资源及协调师生关系；二是专业组织，负责实际的教与学的技术过程。在学校这样的服务性组织中，专业科层冲突的最重要来源是应用科层制与专业化的社会控制系统。

2. 新古典组织理论的演变

新古典组织理论是在对早期组织理论进行分析比较的基础上提出来的，新古典组织理论发展后期的系统理论及其在学校中的影响如下：

第一，协作系统理论及演变。同古典组织理论只重视正式组织、人际关系理论只重视非正式组织不同，在新古典组织理论中正式组织和非正式组织普遍存在，二者统一。组织是一种协作系统，权限是正式组织中信息沟通（命令）的一种性质，是组织的贡献者或成员支配自己所贡献的行为。

第二，非正式组织理论及演变。把组织看作正式组织和非正式组织的统一体，凸显了组织中非正式组织的地位。非正式组织是一种人际关系系统，其按照感情的逻辑关系建立的团体关系，在所有的正式组织中自发形成，并对正式组织做出反应。非正式组织对正式组织的影响可能是建设性的，也可能是破坏性的。非正式组织至少有三个关键作用：一种有效的沟通工具；一种形成凝聚力的手段；一种维护个体诚实的工具。

第三，学校中的教师团队。在学校管理上，注重教师参与学校决策，以防产生校长主观武断的作风；要重新定义教师的角色以建立专业控制的网络结构；学校应该以决策的网络化结构代替层级结构，从而扩大教师在学校中的权威；要充分发挥学校教职工代表大会的作用，促进学校的民主化管理。在教师发展上,建立非行政专业组织,为教师相互交流学习创造机会;倡导教师专业自治,促进教研科研团队合作。在生活需求上,正确处理物质需要和精神需要的关系,建立合理有效的激励机制;关注教师的自尊和价值需要,丰富教师集体的文化生活。

二、高校管理的理论透视

(一)高校管理的认知

高校管理活动是提高学校教育活动有效性的重要途径,科学的学校管理将为师生提供愉快的学习与工作环境。管理是一种古老的活动,是人类社会的基本活动方式之一,它存在于现实生活之中,也存在于学校活动之中。在学校中,不仅有人们熟悉的教育活动,也有对教育活动起着重要影响作用的管理活动。因此,对高校的教育活动研究越来越深入,这也正在吸引着越来越多的有志者参与其中。

1. 高校管理的主体与内容

(1)高校管理的主体

高校的管理主体是有权力对学校事务进行管理的人员,也称为学校管理者。大部分人将学校的领导当成学校的管理者,认为只有校领导才有权力对学校的相关事务进行管理。但现代学校管理概念认为有权对学校进行管理的人员不仅有学校领导,还有学生、教师和家长,这些人共同组成了完整的学校管理主体。

学校领导是学校的管理者。对于学校各项日常事务的管理、学校的环境建设、学校章程与制度的制定、学校教育教学的运行等,学校领导者都要做出相应的决策。学校领导有不同的层次,有高层的校级领导,也有中层的处室领导。另外,各个部门的职能人员也是学校的管理者。为了区分领导者与职能人员工作职责与分工的不同,通常认为,领导者是做决策的，职能人员是执行决策的。因此，在管理上通常有领导与管理的区别，也有领导者要做正确的事，管理者要正确地做事的观点。

教师是学校的管理者。由教职工代表组成的教职工代表大会是监督校长行使权力的民主机构，教职工有参与管理学校的权利。教师对于学校的办学方向、教育改革及教学管理中的重大问题，对学校各级领导干部的奖惩、晋升、处分、免职等都有建议权，对学校领导干部的工作有监督评议权，这些都充分说明教师也是学校的管理者。

学生是学校的管理者。学校的社团组织、学生会等都是学生的自治组织，是学生自我管理的机构。他们不仅要参与组织各项活动，促进学生的身心发展，也要维护学生的权益。对于关系学生切身利益的学校事务，学生自治组织有权代表学生参与相关的管理，如学校食堂的改进、学校图书馆的图书引进等，通过书面申请、参与讨论等方式，学生也可以成为学校的管理者。

家长是学校的管理者。家长参与学校管理是学校实施民主管理的具体体现。家长作为学生的监护人有权了解学生在学校的各项表现及学校为学生创设的学习环境。同时，家长参与学校管理能够改变学校管理的封闭状态，使学校了解更多的外部信息，对提高学校的管理效率及提升学校的管理质量大有裨益。家长参与学校管理有多种渠道，如成立家长委员会、召开家长会等，都是学校积极鼓励家长参与学校管理普遍采用的形式。家长委员会参与学校管理，不仅拉近了家长和学校的关系，而且也给校园管理增加了透明度，给校园带来了活力。

（2）高校管理的基本内容

依靠团队人员的共同努力来帮助团队更科学、更合理、更有效地完成任务，这一过程就叫作管理。那么，高校管理则是学校的管理人员对学校的所有资源进行有计划、有条理的科学管理的过程，目的是贯彻教育方针、实现培养目标和提升教学质量。

学校工作始终伴随着两条线索来展开：第一是学校的教育活动，主要发生在教师和学生两者之间。教育活动是教育者依靠某种社会所需或者受教育者的发展情况而进行的一种教育实践活动,它的特点就是受教育者会受到直接的影响。第二就是学校的管理活动,其特点是受教育者会受到这一活动直接或者间接的影响,这种活动是依靠学校的管理人员对学校教育活动进行有计划、有组织的科学指导和管理来开展的。因此,对于学校而言,教育活动和管理活动显然不一样,它们都有着各自的作用。教育活动是学校实现培养目标的关键性实践活动,而管理活动在教育活动开展过程中能够起到辅助和补充作用。由此可见,学校教育活动和管理活动二者同等重要,缺一不可。

学校管理活动在施行过程中会出现诸多问题,因为会运用多种方式和手段来应对不同的学生和教师个体,出现问题在所难免。这些现象会引发人们对学校管理的思考,启发人们寻找更全面的方法、采取更有效的措施去指引学校管理活动走向更科学、更合理的方向。

2. 研究高校管理的主要原因

第一,研究高校管理是为了发现和认识学校管理规律。研究学校管理离不开对学校管理现象的认识,而对学校管理现象的认识则有助于发现和认识学校管理的客观规律。学校管理过程中出现的诸多学校管理现象,能够体现出其自身发展的内在逻辑,同时还能够反映出它的变化趋势。学校管理现象不受学校管理人员的态度和思想的控制,它具有稳定性和规律性。因此,学校管理人员可以深入分析学校管理现象的发展趋势和变化原因,以便对其有一个科学准确的认识。当学校管理人员对学校管理现象发生原因的剖析越发深入、细致,就越能够挖掘影响学校管理现象变化趋势的内在逻辑,也就能够依照学校管理的本质和规律进行管理活动。

第二,研究高校管理的目的是科学规范学校管理行为。学校管理行为主要表现为三种类型:其一,学校管理人员无视学校管理规律,将自己的思想凌驾于规律之上，这种管理方式是荒谬的，必须加以修正；其二，学校管理人员将经验放在首位，认不清客观规律的重要性；其三，学校管理人员积极正确地认识学校管理的客观规律，根据客观规律进行管理活动，这是值得肯定和推崇的管理行为。

第三，研究高校管理的目的是发现并探索出学校管理的延伸点。人们对学校管理的客观规律的掌握并不是简单的事情，尽管许多人对学校管理现象的规律有一定认识，但是却无法保证他们会自主遵循客观规律来进行学校管理活动。因此，必须采取全面科学的方法和举措对学校管理现象及客观规律进行深入分析和探究，比如对显性学校管理规律和隐性学校管理规律的探究，对动态学校管理规律和静态学校管理规律的探究，对普通学校管理规律和特殊学校管理规律的探究等。经过对学校管理规律的不断分析研究，找到其延伸点，有助于学校管理朝着更加准确合理的趋势发展。

3. 教育管理与学校管理的关系

教育管理是有权管理教育的部门为实现教育目的、执行党和国家的政策和法律，采取有效的手段和措施、提高教育质量与效益的活动过程。教育管理是一个范围十分广泛的社会实践活动领域，它不仅包括教育部门在其职责范围内对各级各类教育的管理，也包括非教育部门在其职责范围内对教育事业的管理。这种管理的主体是多重的，范围是广泛的，内容是丰富的，手段是多样的。对于教育管理活动，如果以其管理主体的层次不同作为管理范围的划分标准，那么可以将其划分为以国家行政部门为管理主体的、宏观上的教育管理与以学校为管理主体的、微观上的教育管理。这两个层次的管理构成了教育管理的总体范畴，宏观上的教育管理又称为教育行政，微观上的教育管理又称为学校管理。

4. 高校管理与行政管理

（1）高校管理体现的教育意义

从教育学视角上定义学校管理，要从源头开始梳理。中华人民共和国成立前最早的学校管理名为学校行政,这个时期的学校管理大部分是根据以往经验沿袭下来的管理方式。我国的教育管理研究已经进入同期教育研究的领先水平,特别是"教育行政"已初步形成"学科体系",有了自己的研究对象、研究方法和概念系统。

教育学意义上的学校管理在很大程度上,是以教育对象为自己的研究对象,进而对其进行相应的安排与调节。教育性是学校管理的始点与旨归。既然学校组织的本质是教育组织,那么它对管理的要求也必然是最大可能地体现其教育性,发挥其教育影响力。换言之,学校管理的出发点,即其所要解决的根本问题,就是要保证学校作为教育组织的功能得到充分展现,也就是保证教育活动的顺利进行。从这一点出发,学校管理活动的归宿即其所要达到的目标就是学校要最大可能地发挥教育力量,促进学生全面发展。因此,学校管理的价值追求是教育性。没有教育性的组织不是学校组织,不为教育的管理也不是学校管理;失去了教育性,学校及其管理也就失去了其本身存在的意义。由此可见,教育学意义上的学校管理更加注重学校教育实体属性,同时将教育的目的作为学校管理的出发点与立足点。

（2）高校管理体现的管理学意义

管理学上对管理这一概念还没有一个清晰的界定。由于不同的学者抑或是管理学家的侧重点不同,所以管理的内涵也是各有殊异。事实上,管理学意义上的管理,首先,它是一种活动。管理必须采用活动这一具体的行动方式来开展。其次,它是一种职能活动。管理并不是一个无序的行动,而是运用各种职能组织起来的活动。最后,它是一种计划、组织、协调、领导、控制、激励、创新的职能活动。因此,在管理学意义上,学校管理应该是在学校内部及其外部所进行的一项计划、组织、协调、控制、领导、激励、创新的职能活动,该活动的具体场所是学校。

管理学思想的引入为人们全面理解学校管理提供了方向。简言之,引入管理学思想的学校管理学开始从单一的"教"转变为"管"。因此,借鉴西方的教育管理理论，同时结合国内的教育发展实情，提出我国特有的学校管理理论才是根本要义。

5. 教育管理与教育行政

教育管理是指国家为贯彻教育方针，实现培养目标，而对教育系统所进行的计划、组织、控制等一系列有目的的连续活动。它包括教育行政管理及学校管理两个部分。学校管理的主要内容是学校管理体制、学校管理过程和方法、学校思想政治工作，教学、科研、生产劳动、体育卫生、人事、保卫、总务、财务、图书仪器以及其他各项工作的管理等。教育行政亦称"教育行政管理"。教育行政管理的定义为：国家对教育事业的组织、领导和管理，以及承担国家对国民的教育义务和实现教育目标，由各级教育行政机关负责。其主要内容有：贯彻教育方针、推行教育法令、拟定教育规章、编制教育计划、审核教育经费、任用教育人员，视察、指导和考核所属教育行政单位和学校工作。

教育行政是从一个宏观的视角来进行管理，从总体上对全部的教育事业发展所进行的规划、计划和协调，以求达到最佳效果。而教育管理的另一层面——学校管理，则更加关注微观的层面。它是服从于"宏观管理"（当然它也有很大的自主权），在宏观管理的指导下进行，其目的在于充分发挥校内人力、财力、物力诸因素的作用，利用校内外各种有利条件组织和领导学校全体成员，以有效实现学校教育目标。

6. 学校经营与学校行政

学校经营与学校行政从其字面意义上，可能看不出太大的区别。仅有的差异可能仅仅体现在"经营"与"行政"两个词义的不同。但研究发现，两者的差异不仅仅是用词的不同，其理论基础也有着显著的差别，也就是说两个概念的确立是建立在不同的学科基础之上的。学校经营更多的是从经济学的理论基础出发，结合教育机构（学校）的环境条件，合理配置教育资源，以实现学校效益最大化，最终实现教育目标。其更多的理论来源于上位学科——教育经济学。而学校行政则不同，它是从政治学、管理学的理论基础着眼，更多地将思想建构在教育行政学这一上位学科。它是为了实现教育目标，对教育事业进行的组织、领导和管理。它更偏重于宏观层面的指导，学校经营更倾向于微观的"执行"。

（二）高校管理的理论基础

1. 科学管理理论

科学管理理论的主要观点：一是在科学手段治理之下，工作人员需要将过去的知识整理汇总，并进行统计、分类，完成一份完整的操作规范与流程制度，帮助工人更好地完成日常工作。二是总结工作的操作步骤和方法，替代以前的依靠经验的工作方法。三是更加精准地选择工人，开展相关的辅导工作，让其成长起来。这与过去让工人自主选择工作、根据自身情况进行训练有很大区别。四是充分配合工人的工作，保证安排的工作内容都可以依照事先制定的计划开展。五是将管理人员和工人的职责平均分配。管理人员要负责相比工人而言更擅长的工作内容，之前，管理人员是把大部分工作内容都分配给工人。

2. 一般管理理论

经营和管理是两个不同的概念"经营"是指导或引导一个组织趋向一个目标，它包括技术活动、商业活动、财务活动、安全活动、会计活动、管理活动，"管理"是这六种活动中的一种，它由计划、组织、指挥、协调、控制等五种要素构成。

管理应当预见未来，预见性即使不是管理的全部，至少也是其中一个基本的部分。预见，既表示对未来的估计，也表示为未来做准备。

计划工作在不同的情境下可以有多种体现方式。行动计划是把需要实现目标和完成目标的所有方式、手段、过程等做出详细的记录。行动计划非常恰当地展示了所有的计划内容和安排。

组织包括有关组织结构、活动和相互关系的规章制度以及职工的招募、评价和训练等。一个组织的效率取决于其成员的素质和创造力，所以应特别强调对职工的选择、评价和训练，职工的地位越高，则对其的选择越应花费较多的时间。

指挥是使社会组织建立后发挥作用所做的努力。指挥权要分配给领导者，每个领导者都承担他自己单位的任务和职责。指挥的目的是使本单位中所有的职工都能做出较大的贡献。

协调是指组织的一切工作都要和谐地配合，以便组织的经营能顺利地进行，并有利于组织取得成功。因此，要使每个部门的工作都与其他部门协调一致，要使各个部门清楚自己所承担的任务和部门之间的相互关系，并且使得各部门的计划经常随情况的变化而调整。

控制是检验每一件事情是否同所拟订的计划、发出的指示和确定的原因相符的过程，其目的是发现、改正错误和防止重犯错误。

3. 科层制理论

"科层制"理论阐述了一种依据理性思维设定的高产能、理想型的工作方式，其中对于团队工作分工和各个级别的设置是该理论体系的重要组成部分。韦伯提出在高效的团队管理系统中，为了更好地完成任务，需要把各个步骤都拆分成一项项基础的工作，然后将其分配给团队的每个成员。在这样精细的划分下，团队中的每一个流程都有固定的人员进行工作，团队中的工作人员之间并不会因为个人情感而影响工作，可以按照理想的规则开展工作。同时，团队要明确指定每个工作人员的责任和权利范围，使得员工可以准确地执行任务。

4. 需要层次理论

需要层次理论把人的各种需要划分成五个层次，并按照其需要满足的先后顺序进行排列。

（1）生理的需要

生理的需要是指人类对维持生存、延续生命的基本的物质需要，如对食物、水、住房等物质条件的需要。人们有关生理的需要是第一位的、最优先的需要。

（2）安全的需要

安全的需要是人们为了规避危险和威胁等的需要。具体包括稳定、有依赖等方面的需要，如对人身保险、医疗保险、食品卫生、住房保障等方面的需要。当生理需要满足时，人们就会追求安全的需要。

（3）社交的需要

社交的需要是指人们对感情和归属的需要，包括人们对朋友、亲人、团体、家庭等正式或非正式组织的位置期待等。当一个人的物质需要和安全需要获得了相对的满足后会产生社交的需要，若一个人不被他人或集体接受，则将会产生孤独感、自卑感、精神压抑、心情郁闷等体验。

（4）尊重的需要

尊重的需要是指人们对地位和受人尊重的需要，包括自尊心、自信心、成就、名誉等外界对自我的尊重和自己对自我的尊重等需要。

（5）自我实现的需要

自我实现的需要是指一个人要实现自己的理想，并能不断地自我创造和发展的需要，包括他寻求最适宜的工作，发挥他的最大潜能，表现他的情感、思想、愿望、兴趣、能力、意志和特性等方面的需要。

虽然需要层次理论存在抽象地谈论人的需要等不科学的方面，但把人的需要分为不同层次这一点无疑是正确的，也是可供学校领导者借鉴的。学校领导者可以从解决教师和学生的基本需要着手，逐步解决其他问题，为学校教师和学生的创造力与潜能的开发，以及他们的自我实现创造条件。例如，在学校管理中，可以通过改善学校的校舍、保险、工资待遇等物质条件，满足或基本满足教师和学生的生理需要与安全需要的期待，通过营建良好的学校文化，增加晋职、奖励等机会，适应教师和学生社交的需要、尊重的需要以及自我实现的需要等高层次需要的期待。

5. 人际关系理论

人际关系理论是早期的行为科学理论，其从人本的观点出发，用试验的方法去探讨管理过程中人的因素对管理效率的影响，给学校管理者以新的启迪。由此可见，学校管理效率的提高，既不能单纯从学校组织的观点去设计，也不能完全用科学的工作分析方法去解决。提高学校管理效率的重要途径在于建立和谐的人际关系。受人际关系理论的影响，部分学校领导者更加重视教职工在学校管理中的主体地位，开始探索民主管理的理念和学校管理的民主化问题，教师参与管理的理念和做法反映出在教育管理领域，学校领导者一定要意识到教职工和学生才是学校发展的动力之源，要重视教职工和学生的心理、社会等需要，注意教职工和学生的满意程度和内在动机，积极调动教职工和学生的积极性与主动性。

第二节 高校教学管理模式构建与改革

一、新时期高校教学管理模式的改革

（一）高校教学管理的理念改革

1. 审时度势、主动适应的思想

主动适应是指教育管理者在发展教育时应该注重社会发展需求的分析，及时将人才培养的方向与社会总需求相结合，向社会输送高素质、高技能、适应性强的人才。高校应主动对接企业、用人单位，针对不同人才

需求及时调整教学思路，建立人才培养与社会需求之间的紧密联系。主动适应性思维作为高校教育的主要指导思想，具体体现在人才培养方面的适当放权，即根据外部环境变化，主动调整和变化教学要素，积极与社会需求接轨，灵活应对社会发展潮流。

2. 全面质量管理理念

全面质量管理是一个组织，把质量当作核心，将全员共同参与作为根基，目的在于让组织中全部成员与社会受益，而获得持续成功的路径。高校教学管理实践当中的全面质量管理具体内容如下：

第一，全过程质量管理。想要把教育目标作为核心，科学有序地实施教育教学活动，就要加强对教育教学环节质量的全方位把控，尤其是要管理好接口，保证不同环节的有效衔接，有效确定不同环节要达到的质量标准。

第二，立体化、全覆盖质量管理。在加强高校教育管理时，要做好学校各个部门的质量管理监测，一旦发现影响教学的因素，要通盘考虑，研究对策。例如后勤部、人事管理部门等学校自身管理系统的运行质量会直接影响教学以及其他工作，这是我国高校的现实情况。

第三，全员参与质量管理。在高校中，无论是教师、学生还是学校管理者，都有义务和责任对学校的质量提升做出积极贡献。作为管理者应当注重发动全校师生的力量，共同参与学校建设，从每个部门、每个院系出发，做好全员管理工作，从而培育高素质人才队伍以及建立一流高校管理机制。

（二）高校教学模式与管理模式的改革

1. 引入学生参与式教学

学生虽然在课堂上属于教学客体和教学目标人群，但也是课堂的重要参与者。因此在教学方法上，要突出学生的学习主体作用，将教学方法加以改进，以课堂提问式教学、开放性教学为特征，引导学生进行开放性、发散性思考。有些探讨的问题可以没有标准答案，有的甚至不留作业、论文，留给学生充足时间进行思考和探索，提高学习的积极性和主动性。在课堂之外，学生可以利用网络大量收集信息来解答问题，教师再对学生加以辅导，使之完成知识学习的系统化和内化，完善学生的知识结构。基于这样的学习实践过程，学生可以利用网络技术提升分析问题和解决问题的能力。同时网络教学方式还能促进学生深入理解和掌握学习内容，进行知识扩展，获得多方面的学习收获。另外，教师需注意不同知识基础的学生的教学进度问题，在学习个性化和基础综合并重上下功夫，加强因材施教，完善学习规划，尽可能使每个学生都获得最新、最全的知识结构。

2. 加强全面型人才的培养

加强全面型人才培养力度，鼓励学生宽口径、跨学科学习。随着社会不断发展，新的学科和交叉学科不断涌现。因此在教学中需要注意强化综合培养意识，建立交叉学科培养的教学机制，突出宽口径教学和跨学科教学，使学生在未来竞争中具备突出优势。高校管理者要充分调研市场需求，借鉴国内外成功的跨学科教学做法，并注重与本校的实际相结合，将必修课程和选修课程加以科学分类和交叉学习，加强校内院系学科的互通性，包括文理交叉、跨门类交叉。这样可以充分锻炼学生的综合学习能力和实践能力，使学生更具创新性和创造力。

（三）高校教学管理课程体系的改革

根据高校改革的若干意见，目前的高校课程体系评估也需要进行转变。一是要加大学科课堂体系的整合力度。对各个学科应不断深入研究其课程目标、课程范围、教学基础设置，以不断加大整合力度。二是要强化课程体系的完整性。教学内容越丰富，课内外时间有保证，学科的课程体系才能越来越完整。三是要保证学科课程体系可持续发展。随着社会的不断进步和科技水平的不断提高,目前的课程体系应及时进行自我调整和自我更新,以适应社会发展需求。四是要保证课程体系的平衡结构。在课程内容设置上,要保证课堂的传统设计理念与新思路、新思维的高度协调,保证课堂的原发性和继发性层次结构与内部关系高度整合,共同发挥作用。

二、新时期高校教学管理模式的"社会化"路径

(一)传统高校教育管理观念的转变

我们可以学习与国外的科学和文化相关的知识技能,效仿先进国家已经展现成效的工业管理,但是值得注意的是,参与或负责此项工作的人在观念、思想、态度、心理和行为方面都需要现代化,否则"学习"和"效仿"的初心将很难实现。为了在高校教育管理中取得理想结果,我们有必要摒弃老式的封闭观念,实现"社会化"。为了跟上社会发展的步伐,高校教育管理必须适应社会,并吸收社会营养以更好地促进发展;高校必须满足社会发展的需要,重视社会责任,促进社会发展。

高校必须清楚地意识到,高等教育适应市场经济是进行"社会化"的需要,它可以在有限的人力、物力和财力范围内发挥更大的作用,更有效地促进教育水平的提高,达到社会经济效益的优化。因此,高校教育管理必须坚持开放、社会化的原则,与社会保持紧密联系,加强互动,与社会协同起来对学生进行教育,在高校教育管理中融入社会管理的力量。总而言之,高校教育管理必须改变传统的意识观念,并需要从社会角度将教育管理的地位从学校扩展到社会。

(二)专业人才培养的改革

为社会培养实践和专业人才是高校教育管理的主要目标之一。如果仅依靠严肃的理论知识和对"形而上学"的研究将无法实现这一目标,只有

在获得知识的基础上,创新地解决在专业领域遇到的困难才可以实现以上目标。为社会培养实用人才应认识两个方面:一是为社会培养人才,二是培养实践人才。

高校不只是教育学生的场所,还应当负责学生的就业。高校必须善于教育和培训人才,以及输出人才。因此,建设适合时代和社会要求的高校课程是必然的解决方案。

学校可以根据社会需要开设专业,打破之前对专业定位设置的标准,跨越不同专业之间的屏障,建立多学科和新型的综合性新专业,以提高学生的综合技能。另外,这种方式还可以满足当今社会和企业对复合人才的需求。高校需要打破传统,但是要基于传统理论建立专业概念,可以学习技术学校的模式,与优秀的大公司进行合作,共同办学,定点教育和开展专业人才培训。这样一来不仅可以为学生提供最新的知识,而且可以提高他们的专业实践技能,并能够为企业提供一批杰出的实用人才。这是一个解决学生就业问题和公司用人问题的双赢方法。

（三）促进高校教育管理机制的社会化

教育界一直坚持高等教育管理就是行政管理,高等教育管理体制就是"行政体制"或"属于行政体制"的观点。但这种单一的管理机制无法满足社会的多样化需求,因此"去行政化"十分重要。目前,在部分高校中,已经实施不少"去行政化"的改革措施,但是由于教育体制极其特殊的原因,高校行政职位始终处于政府级别层面,"去行政化"无法解决当前大学的行政问题。因此,为了真正有效地解决高校行政管理问题,必须完善机制,规范管理,促进高校教育管理机制的社会化。

（四）构建融入社会的生活环境

从高校教育环境的状况来看,学校在很多方面对学生进行了优化和保护,因此大部分学生的成长受到了一定的限制。毕业后学生为了适应社会环境,实现从学生到社会人的角色转换,需要花费较长时间。虽然随着学校周围环境的变化以及自身的发展和变化，学校不再是封闭的教学环境，校园的生活环境已经逐渐被商业、社区和贸易等渗透。中国的发达城市已逐渐建立了自己的大学城，但该区的配套设备和社会阶层并未融合，学校和真正的社会还有断层。因此，基于宿舍的校园生活管理模式不再适合大学生的日常学习生活。

（五）鼓励学生参与社会实践活动

随着市场经济的不断发展，高等教育管理变得更加开放。在人才培养方面，高等教育管理从理论教学开始走向理论与实践结合。但由于受到传统教育惯性的影响，社会实践并未受到应有的重视。社会实践是学生认识社会的基础，是学生走向社会的纽带，是学生承担责任和为社会做贡献的有效途径，也是实现学生社会化的重要途径。因此，必须建立长效机制进行高校教育管理，积极鼓励学生参与社会实践。

三、新时期高校教研与科研组织管理

（一）新时期高校教研与科研管理的认知

1. 高校教研与科研的理念

（1）高校教研与科研的认知

第一，高校教研与科研的研究活动。学校教研是学校教学研究的简称。它是指学校借助教育科学理论，以有价值的教学问题为对象，运用恰当的研究方法，有目的、有计划、有组织地对学校教学实践进行研究的活动。学校科研是学校教育科学研究的简称。学校教研是认识教育本质与客观规律、创新教育理论和方法，或遵循教育规律解决教育教学实际问题的创造性活动。

第二，高校教研与科研的基本要素。

首先，需要教育科学理论的指导。教育科学中的教育学、心理学、教育管理学、教育社会学、德育论、学科教学论、教育技术学、教育美学等理论为学校的教研和科研提供了先进的理念支撑和科学的理论指导，保证了学校研究活动的科学性。

其次，具有明显的应用性。学校教育研究活动的主要范畴是学校办学发展过程中在教育、教学、管理等方面出现的实践问题，应用性是学校教研与科研的突出特征。

再次，有目的、有计划、有组织。学校教研和科研的目的，在于解决学校发展中的教育、教学、管理等方面的问题，促进学校人员发展和办学质量的提高，最终促进学生全面、健康地发展。为了达成研究目的，学校要分析学校发展中的问题，做出研究计划，并建立相应的机构和制度，而不能盲目进行，随意开展。

最后，学校教研与科研的本质是创造性的认识活动。尽管学校的教研和科研活动具有明显的实践性，但是，它们在本质上仍属于一种认识活动，是探求学校教育教学和管理等各方面的未知，发现新规律，求得新结论，创造出更科学、更新的教育教学和学校管理方法的创造性认识活动。这种活动以已有的知识为基础，以科学实验或逻辑推理为基本手段，以获取新知为价值归宿。

（2）高校教研与科研的活动

第一，教师是学校教研与科研的主体。学校教研和科研活动要依靠教师，它们是"源于教师""由教师做""为了教师"的活动。教师把握和主导着学校研究活动的方向和内容，实施学校研究活动并使用研究活动的成果。

第二，学校发展中的问题是学校教研与科研的主要来源。学校教研和科研都是在学校这一具体情境中进行的，与教师的教育教学工作、管理工作、学生身心的健康成长等紧密地结合在一起。

第三，促进学校持续发展是学校教研与科研的价值追求。学校开展教学研究和教育科学研究，根本的价值追求在于解决学校中的现实问题，改善学校办学条件，提高学校效能。

第四，整合校内外资源是提高学校教研与科研质量的重要保障。尽管学校的教研和科研活动重视学校内部的问题，强调以学校教师为主体，但不能持"唯学校论"的观点。学校必须从社区所在的高等院校、专业教育研究机构、教育行政部门等地方获取必要的指导和支持，以学校的力量为主体，整合校内外一切可供利用的资源开展教研和科研活动。

2. 高校教研与科研管理的共同要素

学校教研与科研管理，是以现代管理科学和教育科学为理论基础，遵循教育教学研究的基本规律，有效发挥学校人、财、物、时间、空间信息等要素的作用，运用决策、指挥、计划、组织、控制、协调等管理职能和科学的管理方法影响学校教研与科研工作，以实现学校教研与科研目标的活动过程。其根本目的是高效率、高质量地完成学校教研与科研任务，并将研究成果运用到学校的教育、教学、管理等工作之中，促进学校的健康发展。

3. 高校教研与科研管理的共性内容

学校教研和科研工作中的人、财、物、时间、空间、信息综合作用所构成的各种教研和科研活动中的"事"，有分属于教研或科研的，但也有共属于学校教研和科研工作的。

（1）制定管理学校教研科研规划

学校教研和科研规划是学校在一定时期内对教学研究和教育科研发展做出的总体设计，其主要内容包括：学校教研和科研工作发展的总目标、教学研究和教育科研组织的发展、队伍建设、教科研管理的具体内容、学校研究保障条件及其改善等。加强学校教研科研规划，对于克服教研和科研工作的随意性，有计划、有步骤地做好学校研究工作具有重要的意义。

学校教学研究发展规划和学校教育科研规划应该分别制定。学校制定出 3～5 年的总体规划之后，每年还要制订学年工作计划和学期工作计划；而学校的教研组、年级组等还要在上述规划和计划的基础上制定出本部门的行动方案，并负责方案的实施与管理。学校教研与科研规划管理，主要包括以下方面：

第一，分析校内外环境。校外环境包括政治因素、经济因素、科技因素、文化因素、人口因素、教育因素、学校所在社区的环境因素等；校内因素包括学校的基本情况（特别是学校教师教学研究和教育科研的现状）、学校的优势和不足、学校发展面临的挑战和急需解决的问题等。

第二，确立学校教研和科研的总体发展目标，即 3～5 年内学校教研和科研应该解决的重大问题、发展的理想规格、应该达到的新高度等。

第三，拟订候选方案。根据学校教研和科研发展目标，制定 2～3 套可供选择的候选规划，并对每一套规划的特点做出明确的说明，以便于学校教职员工进行讨论和选择。

第四，评估和确定发展规划。学校把拟订的候选方案交全体教职员工进行民主评议并提出修改意见；在进一步修改的基础上，通过教代会等形式，由全体教职员工决定发展规划。

第五，实施学校教研和科研发展规划。将确定下来的规划具体化为学年和学期教研与科研计划，然后将计划再分解到相关的部门和个人，并由教研组、年级组等负责实施具体的工作计划。

第六，检查和反馈。在学校教研与科研规划实施的过程中，学校管理部门要对实施情况进行检查，以确保规划实施的正确方向和良好效果。每一个阶段的工作完成之后，要对实施情况进行评价，并将评价结果反馈给学校领导管理层和具体的执行者，以便于改进规划。

（2）目标与知识的管理

第一，目标管理。目标管理就是根据所设置的目标进行管理的活动。具体来说，就是组织中由总体目标引导各个部门直到每个成员制定各自的分目标和个体目标，并据此确定行动方案并组织实施，定期进行成果考核的管理方式。学校教学研究的直接目的在于解决教学问题，特别是教学实践问题；间接目的在于促进教师发展；根本目的在于促进学生的健康发展。

第二，知识管理"知识管理"这一概念最早产生于 20 世纪 90 年代的管理学领域，其基本内涵是：组织与机构对知识的获取、存储、学习、共享和创新等过程的管理，是将组织内的知识与人员进行有效整合，形成组织内外部各种资源的有效挖掘和共享体系，使之发挥最大的效用，以促进组织的竞争力和可持续发展。教师由于其工作环境与任务的特殊性，不可能像专业教育研究人员那样有充足的时间和精力获取大量的研究信息。在这种情况下，加强学校知识管理，为教师提供研究指导、帮助和服务显得尤为重要。

（3）组织与制度的管理

第一，组织管理。作为一种社会组织，学校将与学校生存和发展密切相关的人、财、物、时间、空间、信息等因素按照一定的原则有机地联系起来，建构起一个开放的系统。教研和科研组织是其中一个子系统。学校教研科研的组织管理首先要建立学校教研和科研组织管理机构，其中主要是学校的教研组和教育科学研究室（简称教科室）。这些机构是学校管理教研科研工作的具体执行部门。为提高其工作效率，学校应健全其内部机构，配备一定数量的管理和工作人员。学校还要为他们提出工作目的和任务等要求，并对这些组织的工作进行指导、监督、检查、评价。

第二，制度管理。制度是学校教研和科研工作健康发展的规范性保障。学校教研科研的制度管理，就是要建立、完善以及有效地执行关于教研和科研的规章制度。学校教研与科研管理的规章制度主要包括以下方面：
① 发展规划制度。学校要根据整个教育系统和学校发展规划，对教研科研工作做出一定时期的总体部署。② 目标考核制度。学校把教研和科研的目标达成度列为学校管理和办学水平的考核指标，作为教科室、年级组、教研组和教师个人业绩考核指标。③ 学习制度。包括组织常规性的学习制度、教师自主学习制度、教师参加教育行政部门组织的校外教师培训制度等。④ 课题管理制度。目前，许多学校都开展了教学研究和教育科研的课题研究。因此，学校应该建立教研和科研的课题管理制度，主要包括课题申报和备案制度、研究实施之前的课题开题制度、研究中期的交流汇报制度、研究结束后的课题成果鉴定、评价制度等。⑤ 保障制度。主要包括学校教研与科研管理组织的建设制度、研究经费管理制度、教研与科研档案的管理制度、教研与科研工作的评价制度、教研与科研工作的奖励制度等。

（4）队伍的管理

学校管理的核心因素是人。要想做好教研与科研工作，就必须建设一支高水平的学校教研与科研队伍。因此，学校要制订相应的培养计划，包括教育科研队伍建设的目标、内容、途径、方法和保障措施等；制定相应的制度，规范和激励教师积极主动地提高自己的科研素质，以更好地从事教研和科研工作。同时规定学校对教育科研骨干教师的选拔、培养、任用、考核和奖励制度；要做好教师科研素质的提高工作，依据不同的培养目标和不同的培养对象，进行不同内容和形式的培训；定期组织教师外出参观考察，参加校内外有关学术会议，开阔视野，提高他们的自我反思及借鉴能力；根据学校的发展需求，适当地给教师分配一些力所能及的科研课题，让他们在研究中学习；聘请校外的专家或专职科研人员到学校指导教师开展研究。

（二）新时期高校教研活动的组织与管理

教学研究是学校的常规活动，建立相应的组织机构，以加强对教研活动的管理，一般分为决策层、管理层与执行层。学校教研活动的开展有赖于教研组建设的加强。

1. 高校教研活动的组织

一般情况下，高校教研活动管理的组织构成主要有以下方面：

（1）学校教研的决策层

学校教研的决策层，即校长。校长是学校教研活动的最高行政领导，也是教研活动的直接参与者。其主要管理职责为：组织规划教研活动；任免教学管理层面的主要负责人；指导和监督教研活动的实施；组织评价教研活动的质量；为教研活动的正常进行提供保障条件等。

（2）学校教研的管理层

教务处（教导处）协助校长具体管理学校各教研组、年级组的业务工作，是学校教研活动的直接管理机构，其主要职责是：制定教研活动的学年规划和学期计划；组织和指导各学科教研组教学研究活动；组织全校性的教学研究活动；主持召开各学科教研组负责人会议；分析研究教学研究的发展动态和存在的问题并予以解决；组织本校教师参加校外教学研究活动；为校长提供学校教学研究活动改革和发展的建议等。

（3）学校教研的执行层

教研组，全称"教学研究组"，是根据学科设置的教学研究单位，又叫学科组，是学校教学研究的执行层。一般情况下，同一个学科的教师构成一个教研组，如语文学科组、数学学科组、英语学科组等。对于学科规模小、任教教师人数较少的学科，或者学科教师较少的学校，也可以由相近学科的教师组成联合性的教研组，如生化教研组、音美教研组等。教研组由一名比较优秀的教师担任教研组长，比较大的教研组还会设一名副组长。在规模比较大的学校，教研组下面还会划分出一个小的二级组织——

备课组，并设备课组长一名负责本小组的教学研究活动。

2. 高校教研活动的管理

（1）高校教研活动的工作计划

制订教研活动的工作计划，是学校教研管理的首要环节。教研计划是教研组根据自身发展规划，结合某一学期的教学和其他相关工作，为有效研究教学问题而制定的学术活动的预设和安排。它有助于教研组全体成员明确自己在某一阶段的努力方向和内容，提高工作的主动性和自觉性，也便于教研组长对教研活动进行检查和考核。

（2）高校教研活动的组织实施

教研活动计划制订之后，就要组织实施。在实施教研计划时，首先要让教研组内的教师了解学期教研活动的主题、内容与实施要求，使大家有充分的准备，以积极的心态投入教研活动。在实施过程中，教研组长要发挥好控制、协调等职能，保证教研计划有条不紊地实施，同时还要兼顾工作质量。对于教研计划中的重点活动，事先要做好充分的准备，学校领导等管理人员在教研组实施教研工作计划的过程中，也要及时予以指导和帮助。

（3）高校教研活动的检查

教研活动的检查是学校领导等管理人员或教研组自身了解教研工作计划实施情况，促进更好达成教研目标的一种管理手段，具有了解情况、监督考核、发现问题、及时纠正的作用。

教研活动的检查形式多样。从时间上来讲，可以是某一个具体活动实施过程中的分散检查、教研活动实施之后的集中检查，也可以是整个学期的教研工作结束之后的全面检查。从实施主体来讲，可以是教研组内的自查和互查、教务处从教学管理角度的检查，也可以是学校决策层或上级教学研究部门或教育行政部门对学校教研活动的专门检查。不同的检查方式具有不同的价值。

（4）高校教研活动的总结

总结是对教研组教研计划的执行情况和结果进行全面、公正的评价，一般是在学期结束前或新学期开始之前实施，目的在于为下一个教研活动管理周期提供有益借鉴，促进教研活动水平的不断提高。

总结的基本要求包括以下方面：一是目的明确。总结是对教学研究活动及其管理工作的再认识，它可以明确教研活动的经验和教训，总结教研及其管理工作的普遍性知识，以有效地改进工作。二是围绕目标展开总结。总结应该以计划中设定的工作目标为工作绩效评价的标准和尺度，避免随意性。三是以检查为前提。检查中所获得的事实、数据和信息，是总结的重要内容，也是在总结中对教研工作做出公正的价值判断的重要依据。四是以科学的理论为指导，并善于在总结中提升出理论。要运用教育科学、心理科学和管理科学等多个学科的理论知识分析学校的教研活动及其管理工作；总结时还要对大量分散、零碎的经验性材料进行抽象和概括，并凝练出新的学术观点。

（三）新时期高校教育科研的组织与管理

1. 高校教育科研的组织机构

（1）高校教育科研组织机构的设置

学校教育科研组织机构根据其承担的教育科研工作的性质不同可以分为三类：一是学校教育科研的领导机构，如学校教育科研领导小组；二是学校教育科研的管理机构，多数学校会成立专门的教育教学研究室；三是学校教育科研的执行机构，如教研组、备课组、年级组等。这些机构按管理层级划分，同样可以分为以下三个层次：

第一，学校教育科研机构的决策层。

学校教育科研机构的决策层是学校设立的科研领导小组，一般以校长或主管副校长为组长。其主要职责是：把握学校教育科研工作的全局，领导和制定学校教育科研工作规划；确定重要的研究课题；建立学校教育科研的工作制度；审批科研计划，研究、检查和督导科研工作；保障研究经费的落实；决定学校科研成果的奖励以及重大科研活动；协调学校正式科研组织机构与非正式科研组织机构之间的关系，使之形成合力，共同完成学校科研任务。

第二，学校教育科研机构的管理层。

学校教育科研机构的管理层，是学校的教育科学研究室。其主要职责是：负责全校教育科研工作的规划、组织和协调工作；拟订、实施学校有关教育科研工作的条例和规章制度；组织校级科研课题的申报、论证、立项、检查、成果评审和推广以及向上一级教育科研部门推荐立项课题、优秀成果等工作；组织教师学习教育理论；普及教育科研基础知识与方法；指导教师开展课题研究活动和总结经验；组织开展各种学术交流活动；根据教育改革和学校发展的需要，主持、参与课题研究；组织、承担上一级教育部门、科研机构下达的科研任务；搜集各类教育科研信息，为校长决策和开展教育教学科研提供服务；编辑学校教育科研刊物，组织教育科研成果评奖活动；完善学校教育科研档案管理等。

第三，学校教育科研机构的执行层。学校教育科研机构的执行层，是学校的年级组、教研组、备课组和相关管理处室等。各年级组长、教研组长和相关管理部门的负责人组织本部门力量组织研究工作，教师和相关管理处室的员工是学校教育科研工作的具体执行者。

（2）高校教育科研组织机构的主要功能

第一，管理功能。

学校科研组织机构的管理功能是指学校教育科研组织机构为了实现学校教育科研的目标，有计划、有组织地对学校内部的人、财、物、时间、空间、信息等进行协调而产生的功效和作用，主要表现在对学校科研规划的管理、课题管理、成果管理、教育科研队伍管理、教育科研情报管理、教育科研经费管理和教育科研档案管理等方面。

第二，研究功能。

这是学校教育科研组织机构最重要的功能，主要表现在：研究本校教育改革与发展中亟待解决的重大问题；分析学校现状，通过学习、借鉴、发展和创新，选择先进的教育理论和教育经验应用于本校的教育改革实践；总结本校成功的教育经验，从中探索促进本校教育发展的规律，丰富教育理论。

第三，培训功能。

学校教育科研组织机构的培训功能主要表现在：组织教师学习先进的教育理论，转变陈旧的教育观念；指导教师掌握教育科研的基本方法，提高教育研究能力；帮助教师总结自己的教育教学经验或应用他人的先进教育教学经验，提高教育教学质量。

第四，服务功能。

学校教育科研组织机构的服务功能是指学校教育科研组织机构通过教育科研为学校教育改革、教师专业发展、提高教育教学质量服务的功能。例如，为学校领导制定学校发展规划和进行决策提供咨询服务；举办教改信息专题报告会或编辑"教改动态"之类的信息，为学校教育改革和教育科研提供教育情报服务；进行课题研究，解决学校教育改革中的实际问题，为学校教育改革实践服务；发挥自身的培训功能，为教师专业发展服务；推广和应用教育科研成果，为提高学校教育教学质量服务等。

2. 高校教育科研的管理

（1）前期管理

第一，校外课题的来源。

课题研究之前的前期管理是校外课题管理的起始环节，主要包括获得课题申报信息之后的选题、论证和申报工作。校外课题的来源主要有以下三种：

首先，教育科学规划课题。这是根据国家的科研发展规划，在教育领域设立的重要研究课题，包括国家哲学社会科学基金教育学项目；各省（自治区、直辖市）哲学社会科学规划中的教育学课题；教育部和各省（自治区、直辖市），市，区（县）教育行政部门设立的教育科学规划课题。

其次，教师科研的专项课题。这是为了推进各专项工作或为专门的科学领域设立的研究课题，如教育部人文社会科学研究项目，全国教育科学规划办公室与教育部人事司合作推出的"园丁工程"专项课题，与教育部体卫艺司合作推出的"学校体育、卫生、艺术和国防教育"专项课题、与教育部考试中心合作推出的"教育考试科学研究"专项课题，全国教育科学规划办设立的"外语教育研究"专项课题等。

最后，委托课题。这是学校受校外某些行政部门、企事业单位、科研机构的专门委托而开展的研究课题。除了委托课题之外，前两类课题的主管部门会每年发布课题申报的信息。学校获得课题申报信息之后，就要组织人力进行课题选题、论证、填写课题申请表等工作。

第二，选题管理。

选题是课题内容与研究任务的高度浓缩与概括，是课题整体思想的集中体现。选题是课题研究中最为重要的一个环节。学校主要应该根据基础教育和学校的发展需要以及学校的实际情况确定有研究价值、具有实际意义的问题作为课题。选题尽量参照课题指南，但也可以根据需要和实际情况自设课题。

第三，课题的论证与申报。

选题确定后，学校要组织人力根据课题研究申报书的要求和内容，进行课题论证并填写课题申报书。不同来源的研究课题的申报要求不尽相同。但是，一般情况下，课题研究申报书包括以下内容：

其一，国际研究现状与趋势。国际研究现状与趋势旨在了解课题申报人是否对自己拟定研究的问题的现状有较为清晰的把握，是申报能否取得成功的基础性环节。

其二，选题意义。选题意义主要说明研究选题在学术（或理论）和实践方面的价值。

其三，研究目的与主要内容。研究目的是指通过课题研究期望达到怎样的理想状态，而研究内容是指在课题研究中主要研究哪些问题。

其四，研究的重点、难点与创新之处。具体指课题研究内容中应该着重解决的核心问题以及在研究过程中可能遇到的比较难解决的问题。一个课题研究的难点要明确，不能模棱两可；确定的重点不能太多，一般情况下1～2个较为适宜。课题研究中，往往重点和难点是一个内容，但也不完全一样，通过重点和难点的确定，就能够找出本课题研究的特色。

其五，研究设计。研究设计是对课题研究操作的思考，主要包括研究思路、主要方法、进度安排等。研究思路要反映研究问题的操作顺序，有清晰的逻辑线索。研究方法是课题研究采用的主要方法，要清楚这些方法在课题研究中的使用目的和范围。进度安排的阶段性要强，在每一阶段要突出一个重点，阶段与阶段之间要有连贯性。

其六，研究基础和参考文献。研究基础包括前期研究状况、研究队伍、研究的保障条件等。前期研究状况主要指课题组成员已经做的与课题研究相关的工作以及取得的成绩或成果，目的在于让评审专家知道学校选取的课题是有研究基础的，而且有能力完成研究任务。在这部分要列举一定数量的、与课题研究关系最为密切的参考文献。研究队伍主要是指课题研究成员。论证内容主要包括课题组成员的学术背景和研究经验及课题组的组成结构（职务、专业、年龄等）。课题组成员不要太多，所有成员必须是直接参与课题研究的人员。研究的保障条件主要是要学校能够保证课题研究的顺利开展而付出时间、经费、图书资料、实验条件、设施设备等。

其七，预期研究结果及其去向。预期结果包括阶段性成果和最终成果，前者反映的是课题组成员在研究过程中取得的成绩,后者是整个课题研究成果的集中反映。成果可以是学术论著、学术论文、调研报告,也可以是优秀课例、实验报告等。研究成果的去向是要说明课题研究所取得的成果可以用于哪些领域。

其八,研究经费预算。研究经费是课题顺利实施的重要保证。在进行论证和填写课题研究申报书时,要严格按照有关管理办法中规定的项目去填写;各项经费预算要有依据;申请经费的额度要以能够满足课题研究所需为标准;经费预算要留有余地。课题组要对上述内容进行详细论证,然后认真填写课题研究申报书。填写之前一定要阅读并理解相关要求。经费额度、论证字数等要特别注意。提交的课题申报书表要内容完整、形式美观。

(2)过程管理

学校申报的课题研究申报书,主管部门会组织专家进行评审,按一定比例确定拟立项资助项目,经报批与公示后发布正式立项名单。学校课题获准立项后,就要组织实施研究。这期间的管理工作主要有课题开题、中期检查、课题结题与鉴定。

第一,课题开题。开题是课题研究实施的第一个环节,其目的在于对课题研究做进一步的论证和设计,使研究更具可操作性。通过开题,还可以使课题组成员对研究的目标、意义、内容、方法、步骤等有更清晰的理解和把握。课题开题一般以会议的形式举行,由学校教育科研主管机构组织,参加人员除了课题组成员外,还包括学校教育科研管理人员和评议专家。

第二,中期检查。中期检查是课题研究实施过程中的常规性管理。中期检查前,要求课题负责人撰写中期检查报告。报告内容包括研究工作主要进展、阶段性成果、主要创新点、存在的问题、重要变更、下一步计划、可预期成果等。中期检查形式多样,其中最普遍的方式是召开中期检查会议。会议由学校教育科研管理机构组织,参加人员包括课题组成员、学校教育科研管理人员、评议专家以及关注课题研究的相关教师等。

第三，课题结题与鉴定。课题的结题与鉴定是当课题研究结束后对课题研究计划执行情况以及研究成果的终结性的评估验收。主要包括以下三个环节：① 课题组向主管部门提出结题鉴定申请，按要求提交结题（或成果鉴定）申请报告、课题最终研究成果、阶段性研究成果、结题报告等相关材料。② 主管部门对课题进行鉴定验收。鉴定的方式一般包括通信鉴定和会议鉴定。专家在鉴定后要对课题研究及其成果写出鉴定意见，并对课题研究能否通过验收做出判定。③ 主管部门汇总专家的鉴定意见，发布课题鉴定结果。通过专家鉴定即可结题。

（3）后期管理

第一，课题研究成果的登记和归档。学校科研成果是指学校教育科研人员或教师对教育科研课题或现象进行研究，获得具有一定学术意义或实用价值的创造性结果。成果的基本表现形式为著作、论文、研究报告、调查报告、实验报告、软件、工具书等。

对科研成果登记与归档是学校科研管理的必要内容。及时、准确和完整地统计学校科研成果，促进科研成果信息的交流，助推科研成果的宣传与转化，也为学校推荐科研成果奖励做好前期工作。应用类科研成果（如研究报告、调查报告、实验报告、软件等）在登记时，要提交相关的评价证明（鉴定证书或者鉴定报告、教育科研项目验收报告、采纳证明等）；理论研究成果（如科研论文、著作、工具书等）在登记时，需要提交公开发表或出版的刊物的原件与复印件、各种学术评价意见及成果发表后被引用、转载的证明等。学校科研管理机构对提交登记的成果进行分类整理，审核确认后予以入库归档。

第二，科研成果的推广和运用。学校科研成果的推广与运用是学校教育科研工作的重要内容。推广工作要以实实在在的效果为基础，精心策划，认真组织，科学实施。学校科研成果推广与运用的形式很多，通常包括的方式有以下几种：① 直接转化式——把科学的结论直接运用于教育实践活动；② 交流启发式——通过公开发表、论坛发言、多渠道推广等方式，运用理论或实践成果去影响他人；③ 形成研究报告或政策建言提交给相关管理部门，直接为教育决策服务。

第三，科研成果的评奖和申报。设立优秀成果奖是教育科研主管部门或相关组织为了对优秀研究成果进行奖励和表彰而设立的，体现了政府或社会对研究成果的认可，也是为了鼓励科研人员继续潜心科研。

教育科研优秀成果奖的主要来源有四个：上一级教育科研管理部门；学校本身；群众社团、学会等民间行业组织；学术论坛等学术交流平台。优秀成果的评奖范围一般包括公开出版的著作、工具书、论文，调查报告、研究报告、实验报告等。

第三节　三全育人视域下高校教学管理模式分析

一、内涵探析："三全育人"视域下高校教学管理模式解析

全员、全过程、全方位育人，是实现立德树人根本任务的重要渠道。以培养德智一体、全面发展的时代新人为根本出发点，必须多元主体共存、多方力量共聚、多种资源共享、多种渠道共建，集合育人多场域力量，构建新时代育人体系。全员即为培养时代新人而由教育教学、服务管理相关岗位的教职工作人员、教师、学生组成的育人共同体；全过程即以课程、科研、实践、文化、网络、心理、管理、服务、资助、组织等为育人载体，针对学生不同发展时期的特性，从学生入学到毕业、从期初到期末、从低年级到高年级全程把控育人时机，构建规范化、细致化的育人体制机制；全方位育人即聚焦校内校外资源整合"学校、社会、家庭"共荣共进，编织通盘育人网络，创建课上课下、线上线下、校内校外

多维立体育人工作格局。

在微观意义上，教学是实现人才培养目标与计划，教师教授与学生学习的过程，二者交互共生，教学相长。教学管理则是科学运用管理理论知识，发挥计划、协调、组织、控制等管理职能，为改善教学环境，保证教学质量，达到育人效果所进行的服务与管理工作。

基于"三全育人"理念的演进逻辑和理想形态，高校教学管理应是根据共同的育人目标，形成育人为本、德育为先的价值认同，集合教育教学专家、教师、导师、教务管理人员、学生等一切教学相关力量，协同创新，厘革教学方法，鼎新教学手段，从课程、科研、实践、文化、网络、组织等育人载体着手，聚合学校、社会、家庭教育教学资源，通过教学计划、组织与质量管控多环节要素多维共进，实现教学管理与育人共融共通，切实提高育人成效。

二、建构逻辑："三全育人"与教学管理的双向价值发挥

（一）"三全育人"理念为高校教学管理革新提供有益视角

教学管理是实现教学目标和人才培养目标的重要保证，传统的教学管理是适应计划经济体制应运而生的行政命令型教学管理模式，强调管理者的单向管理权威，体现计划执行的强制手段，注重任务的闭环管理而非循环往复。传统教学管理实行自上而下的直线式管理，一般由高校管理部门组织实施，依据行政意志，制定统一的培养计划，设置固定的课程、统一教学大纲与教式教法，并以此为标准开展教学评估。这种管理模式在当时的历史条件下发挥的积极作用自不待言，但受历史局限和特定条件制约，也显现出了一定的弊端。一是参与主体单一，管理者作为教学管理活动主体，忽视了教师、学生、专家等与教学管理密切相关人员的参与；二是管理环节和内容单一，培养标准统一，教学方式固定，重能力轻德育、重理

论轻实践，课程选择缺乏自主性，课程结构呆板，无法适应德能一体的人才培养需求。

随着社会的进步和教育体制机制改革的推进，教学管理模式革新也成了时代发展的必然，而全员、全过程、全方位的育人理念则为教学管理思维范式的转变提供了思路，"三全育人"强调德育为先、以人为本的育人思想，在行动逻辑上契合了协同管理理论、系统管理理论以及生态主义理论的观点，育人系统各要素有机结合、同向发力，实现系统内育人主体与对象、育人手段与环境的良性互动。新时期教学管理应是一个开放的育人管理系统，系统内多元主体遵循"三全育人"的理念，以培养德智体美全面发展的社会主义建设者和接班人为共识目标，深化教学改革，专业、课程、教学环节、教学环境等系统要素相互融合，发挥教学育人整体功效。

（二）教学管理是实现"三全育人"的关键途径

教学是高校人才培养的主渠道，是促进学生成长成才、实现高校教育目标的重要基石，作为高校教育质量提升的突破口，围绕教学开展的教学管理至关重要。从宏观层面看，教学管理几乎涉及了高校的一切教育活动。涵盖了高校人才培养目标制定、专业设置、课程改革、师资管理、资产管理、校园环境建设等诸多内容，可以说，教学管理工作贯穿了高校教育活动的各个环节。"三全育人"要求教育活动各个层面、各个领域的育人主体整合资源形成育人合力；而教学管理工作将各教育活动打通，它的环节多样、全面覆盖特性恰恰为"三全育人"理念的贯彻提供了可能的方式和手段。

就微观层面而言，课程育人是"三全育人"目标实现的主阵地，其中思政课程的贯彻落实是学生道德品行习得的重要途径。教学管理集结了思政教师、课程专家、管理能手等众多人力资源，以深化思政课程改革为契机，将思政课程内容与课程思政的教育理念相结合，创新教学手段，辅之以科学有效的管理策略和方式方法，以及网络平台环境搭建、教学基础设施完善等路径，将教学和教育有机融合，形成现代化科学化的教学过程管理体系，达到课程育人实效。教学管理作为"三全育人"的重要抓手，不论是整体功能发挥还是关键局域性目标达成，都将有力推进全员、全过程、全方位育人进程。

三、实践路径：基于"三全育人"的教学管理模式的构建策略

（一）理念同心，形成教学管理全员育人格局

教学管理育人的有序有效推进，需要凝聚高校全员育人的理念共识。

教学管理不仅仅是教务管理人员的专职工作，还要将学校领导、育人专家、教师、学生等纳入主体范围，改变传统的线性垂直管理模式，组建矩阵育人团队，打造一支专职为主、专兼结合、信念坚定、素质优良的工作团队。廓清团队成员权责，改变传统的、一味行政命令式的教学管理模式，采用"刚柔并济、软硬兼施"的弹性管理策略，促使团队成员育人效用最大化。新时期的教学管理育人组织要树立促进学生全面发展、个性化发展的教育理想，以生为本，注重德行培育，以培养全面可持续发展的时代新人为己任。

要确立"人人育人"的育人观念，走出育人方面认识误区，摒弃育人只是课程教师职责的错误观念，将"培植人才，人人有责"的育人思想内化于心，增强教学管理育人的责任感和使命感，明晰教学管理工作在育人中的重要价值，在教学管理与服务中提升育人本领。

要充分发挥学生在教学管理中的能动育人作用，学生虽然作为育人对象，具有一定的被动性，但也不能忽视其自育作用，学生是具有主观能动性的个体，是教学环节的直接参与对象和学习主角，要充分尊重学生在教学管理中的意见表达，提升学生在教学管理活动中的参与积极性。

（二）系统同构，构筑教学管理全程精细化育人体系

学生知识理论体系建立、能力才略习得、品德意志的养成不是一蹴而就的，而是一个由浅入深、由表及里、循序渐进的过程。教学管理同样要遵循学生成长规律，从教学计划、教学组织、教学质量监控三个层次入手建立从新生入学到毕业的全过程教学管理体系。

1. 合理设定人才培养目标，科学制订教学计划

明确"培养什么样的人，为谁培养人，如何培养人"三个战略问题，将思想政治教育、德行培育纳入人才培养主目标，按照学生学习与成长规律，根据高校建设发展特色，结合校园文化、生源状态、基础设施等实际情况，将总目标分解为阶段性目标，形成具有分类化和差别化的育人安排和教学计划。首先在专业设置上，在满足社会需求与学校发展的基础上，更多考虑学生的多元化与个性化教育。在完成学校通识教育的情况下给予学生一定的专业选择空间，并给予学生转专业、辅修专业的机会，充分发挥学生自主学习的主观能动性。其次在课程设置上，课程开发要与时俱进，思政课程、通识课程与专业课程设置紧密连接、融合联动，进一步丰富课程资源，在调研学生需求与充分研讨的基础上，适当增加思政课方向和选修课比例，甚至可以链接其他院校的优质课程，建立校际间学分互认制度，形成课程资源共享共建，校内校外贯穿耦合的良好育人局面。最后在教学安排上，充分分析生源结构、生源特色，遵循学生发展规律，合理设计课程结构，建立难易适度、深浅适中、理论与实践相串联的学习体系。

2. 充实拔高教学内容，创新教学过程管理

一方面着重推动教学方法革新，改变传统的教师本位教学理念，充分发挥学生主体地位，着力推动思政课程和课程思政同向同行，思政课程根据学段贯穿大学整个阶段，鼓励思政教师大胆创新，理论讲解与体验式教

学相结合，赋予思政课程知识性、趣味性，确保思政教育入脑入心。专业教师充分挖掘课程中的思政元素，丰富教学内容，精准把握教学节奏，将思政知识自然而然穿插在专业教学中，改变传统的填鸭式教学方式，采用问题式、互动式、专题式等多元教学方法，调动学生学习积极性，激发学生的探索意识。另一方面促进教学手段更新迭代，打破"重线下轻线上"的教学发展窠臼，与时俱进，充分利用人工智能、大数据等现代信息技术，根据教学内容和目标，以微信、QQ、线上教学平台等为媒介，开展多媒体教学、网络教学，运用慕课制作优质课件，拓展教学内容，丰富教学资源数据库。创新学生学习形式，增加师生沟通渠道，打造人机协同、时空共进的教学门径。

3. 创建教学质量评价体系，统筹教学质量监控

首先要明确教学质量评价指标，教学质量涉及教学过程的常态化监督和培养结果的持续化跟踪，涵盖人才培养方案制定的科学性、专业设置的合理性、课程选择的适配性、教学过程的有序性、教学运行的通畅性、人才培养的有效性等多方面内容，要根据高校发展目标与人才培养特色，明确培养标准，制定科学合理的教学质量评价体系。其次要拓展教学质量评价实施方式，将集中教学检查、课程满意度调查、教学督导、学生座谈会等教学过程监督方式与就业调研、用人单位反馈等质量评价形式有机结合，形成"课上课下全包围、校内校外全覆盖"的评价方式。最后要建立教学质量评价内省制度，根据实施情况，综合分析质量评价效果，定期检查质量评价体系的适宜性与有效性，对不合时宜的评价指标及时整改，在可能的条件下邀请校内外专家对质量评价体系进行全面评估，保障教学质量评价体制机制的科学有效性。

（三）行动同向，打通教学管理全方位育人实践壁垒

教学管理育人要下好校内外一盘棋，打破原有重理论轻实践的教学桎梏，破解课堂教学理论说教的育人困局，全方位整合挖掘校外育人力量，

拓宽育人空间，建立学校、家庭、社会一体化全方位育人体制机制。

一要结合教学需求，扩展校外实践教学资源，建设实训基地，与企业深度合作，提供实践锻炼机会，探索校外导师制，给予学生校外专业学习指导。将实践锻炼纳入必修学分，鼓励学生开展实践调研、"暑期三下乡""红烛支教"等贴合社会生活的实践活动，在实践中增长见识和才干。

二要开展项目式育人，紧贴学生成长需求，凝练特色，创设一批形式多样的开放式育人项目，如军事训练、素质拓展、生存技能培训、团队建设、创新创业等，使学生在历练中增进生活技能和本领。

三要开放网络教学育人空间，将家长、校外导师、专业教师、教学管理相关职工纳入网络平台，并根据需求配置不同的教育权限，打破连接不畅的育人壁垒。网络平台作为媒介不仅将各育人主体多体融合，实现教育资源集聚和下沉，还可以面对面联动记录学生在校内外的成长轨迹。各育人主体应根据系统记录深入了解学生个体情况，有针对性开展教育活动，教师甄别筛选优质网络育人项目和资源向学生开放，学生则通过网络平台时时处处学习。师长、导师、专家与学生可以定向沟通，在线解决其生活学业等问题，提高育人效率。

（四）驱动同行，完善教学管理"三全育人"保障机制

实现教学管理全员、全程、全方位育人效果，关键在人。

一要加强教学管理育人团队队伍建设，将教学管理育人团队纳入高校人才队伍建设总体规划，形成一套系统化、规范化、标准化的培训体系。不仅要定期开展管理技能、大数据应用、育人方法等专业知识和技能培训，还要开展有关师德师风、职业道德的伦理培训，增强责任主体教书育人、管理育人、服务育人的责任担当。

二要完善考核激励机制，建立教学管理团队准入准出机制。教学管理绩效考核不仅有对结果的考核，还有对教学各环节的全程把握，是一种全

过程、全方面、多元化的绩效考核形式。要根据团队成员岗位职责和工作内容，确定关键绩效指标，采取定性和定量相结合的考核方式，考核结果将作为改进工作和奖惩的依据。

三要完善线上育人安保机制，计算机网络技术不断更新迭代，为线上育人和网络思政提供了技术支撑，但与此同时，需警惕网络安全问题，谨防学生个人信息和数据泄露。首先，要严格审核，身份核查清晰、经过领导审批，各项要求合格后方可准入网络系统。其次，要严格管理，制定网络安全管理制度和应急预案，严肃追究信息泄漏人员相关责任。最后，要严格技术，数据定期备份，保证加强我国老年大学教师队伍建设的系统思考重要数据安全。采用新型网络安全保障技术，防火墙和杀毒软件定期更新，经常进行漏洞查找和补丁修复，最大限度保障网络安全。

综上所述，高等院校作为人才培养的主阵地，在"三全育人"背景下，积极构建与之相应的教学管理模式，是符合教育教学规律的应然之义，也是顺应时代发展的必然选择。应当积极践行教学管理"三全育人"模式，凝聚全员育人共识，触发教学管理育人共同体构建意愿，打通全方位育人实践壁垒，构筑教学管理全程精细化育人体系，更好地组织教学、服务教育，为落实立德树人根本任务奠定基础。

第四章 三全育人视域下高校行政管理模式

第一节 高校服务型行政管理模式及其构建

一、高校服务型行政的理论认知

（一）服务型行政的理论基础

高校是以文化性、学术性为标志的社会组织，其行政管理本质上仍然属于社会公共管理范畴，因此，高校行政管理理念和管理制度不可避免地受整个社会管理思想变革的影响，其中影响最大的当属服务行政理论、新公共服务理论，而这两者也构成了高校建设服务型行政的理论基础。

1. 高校的服务行政理论

"服务行政"概念来源于"公共服务"，公共服务的概念正在取代主权的概念成为现代公法的基础。服务行政理论涵盖了多个方面的内容，但国内学者普遍认为为人民服务、促进人的全面发展是服务行政最根本的主题。

在服务行政模式中，"为人民服务的宗旨不仅是一种行政观念，而且是通过立法的形式被确定下来的一种制度"；服务成为"一种基本理念和价值追求，政府定位于服务者的角色上，把为社会、为公众服务作为政府存在、运行和发展的基本宗旨"；"政府以人的全面发展为目标，就可以实现对个体目标和社会整体目标的系统整合"。

服务行政促进人的全面发展这一主题，与我国高等教育的目的是一致的。高等教育必须贯彻国家的教育方针，为社会主义现代化建设服务、为人民服务，与生产劳动和社会实践相结合，使受教育者成为德、智、体、美等方面全面发展的社会主义建设者和接班人。高等教育坚持育人为本，把促进学生健康成长作为高等学校一切工作的出发点和落脚点，把促进人的全面发展和适应社会需要作为衡量人才培养水平的根本标准。根据服务行政理论，高校的行政管理应将师生全面发展的追求放在行政管理目标体系的核心位置，以师生的全面发展为目标制定政策，使师生的个体发展与学校的整体发展保持一致。当然，这种一致性需要一套科学的行政运行机制做保障，这是高等教育理论研究者与实践管理者所面临和需要解决的重要课题。

2. 高校的新公共服务理论

新公共管理理论，特别是被称为新公共管理理论精髓的"企业家政府理论"，从诞生之日起就遭到许多质疑。许多公共管理学者认为，政府部门与私营企业不同，为社会公众服务是政府部门的根本属性。政府部门的工作重心应该放在为公民服务和向公民放权上来，政府的根本任务是建立具有完善整合力和回应力的公共机构以向社会公众提供服务。

新公共服务的理论先驱包括：① 民主社会的公民权理论。民主社会的公民权理论提倡再度复兴的、更为积极的和更多参与的公民权。② 社区和市民社会的模型。在该理论中公民能够以个人对话和讨论的形式参与到公共行政领域中，而政府的作用，在于帮助创立和支持这种形式。③ 组织人本主义和组织对话理论。该理论认为在后现代社会中,公共管理必须以所有各方真诚、开放的对话为基础。

新公共服务的七大原则是:① 服务而非掌舵。② 公共利益是目标而非副产品。③ 战略地思考,民主地行动。④ 服务于公民而非顾客。⑤ 责任并不是单一的。⑥ 重视人而不是生产率。⑦ 超越企业家身份,重视公民权利和公共事务。

新公共服务理论是在对新公共管理理论批判继承的基础上发展而来的,它肯定了新公共管理理论对推动当代公共管理实践活动的积极意义,同时摒弃了作为新公共管理理论核心的"企业家政府理论"。新公共服务理论关注的重点在于民主价值和公共利益,主张把效率和生产力置于民主、社区、公共利益等更广泛的框架体系中,力求建立一种以公共协商对话和公共利益为基础的公共服务行政。由此可见,新公共服务理论的价值取向是民主,高度重视公民权利、公民意识、公民身份和公民价值,追求最大程度的公平、民主和公共利益的最大化。

新公共服务理论的核心是把民主、公平、公正和正义看作公共行政的首要价值取向,把公共利益的获取放在首位,并时刻强调行政部门的服务性。高校行政管理本质上是教育管理的衍生行为,其存在的价值和目的就是为高校教学科研服务。因此,在新公共服务理论指导下,高校管理就是要建立以服务为导向的行政管理模式,把为师生服务作为学校行政管理的出发点和归宿,把服务师生作为高校行政管理机构的核心价值观。高校行政管理部门在管理决策过程中,要充分考虑并积极维护师生员工的合法权益,尊重他们的意愿,在此基础上,高校的管理部门应倡导实践民主、公平、公正的伦理观,使行政管理人员、教师、学生形成一种彼此平等、互相尊重的和谐关系,使人人平等地享有学校发展的成果。

(二)高校服务型行政的特性

高校服务型行政与一般公共服务行政有着一定的共同特征,例如理念上都是从管制到服务、模式上多是从权力行政到服务行政、内容上遵循公平公正等。然而，高校服务型行政又与一般公共服务行政有所不同，它有以下特征：

第一，专业性。高校服务型行政具有专业性，在于它的主要内容是为教学科研服务，需要知识储备丰富、素质较高、工作能力较强的高校管理人员。高校管理人员不仅需要具备基本的管理理论和相关技能，还需要有高水平的岗位专业知识和技能。

第二，稳定性。高校服务型行政具有稳定性，因为它的服务对象主要是高校教师和全体学生，其对象一般是不变的。对管理部门来说，这有利于他们准确把握服务对象的特征和需要，从而使服务工作更加具有针对性。但是，长此以往会使管理人员对制度产生依赖，墨守成规，不能与时俱进。

第三，超前性。高校服务型行政不仅是为了培养人才、进行科学研究、为社会服务，还有着促进文化传承与创新、引领社会思潮的重要作用，一些学者专家认为这是高校的第四职能。高校要想充分发挥其引导社会思潮的功能，就必须具有超前的服务内容，以便其能够在科学研究和人才培养的过程中做出准确预判。

二、高校服务型行政的构建

（一）高校服务型行政文化建设

1. 高校行政文化的界定

高校在校内举行有关行政文化的实践活动，从而形成的高校行政文化，是高校行政活动和行政关系之道德现象、精神状况和心理的体现。高校行政管理活动由专门的行政管理人员负责，与其他行政文化相比，高校行政文化具有以下三个方面的特殊性：

第一，高校行政文化来源于高校行政实践活动的开展。高校行政管理是促进高校教学资源、人力资源和其他无形资源发展的重要核心，高水平的高校行政管理能够在促进人才培养、科学研究和服务社会等方面打下坚实的基础。我国高校的规模在高等教育事业的推动下不断扩大，要想在高校之间的竞争中脱颖而出，高校就必须提高日常行政管理工作的水平。虽然高校一般将重点放在教学科研上，但随着高校行政活动逐渐专业化，行政人员的职业水平越来越高，行政管理理论得到了充实和完善，在行政管理活动实践中形成的道德伦理和其他思想观念也成就了完整的个体。由此可见，高校的行政管理实践活动为高校行政文化的萌芽提供了肥沃的土壤。

第二，高校行政管理人员在进行行政管理活动实践时，促进了高校行政文化的产生，进而对高校行政管理人员的行为产生了约束或规范。高校行政文化是由行政管理人员在日常实践活动中的思想、心理、情绪等转化而来的更高层次的道德规范、行政规定和行政习惯，但是这些行为准则或道德规范会在很大程度上限制高校行政管理人员的日常实践活动。

第三，高校行政文化在某种程度上起着管理职能的作用。管理不仅是一种手段，也是一种艺术和文化，管理理论中特定的文化传统和价值观念又推动了管理实践的开展，也促进了管理理论的完善和丰富。高校行政文化不仅产生于高校的行政管理活动，也受到当今文化环境的影响，换句话说，高校行政管理活动也是文化的产物。

2. 高校服务型行政文化的构建

我国当下高校行政文化的发展趋势与我国高校建设道路存在一定的差异性，换句话说，高校行政文化已然成为高等教育事业前进道路上的障碍，所以建设更高水平的高校行政文化体系迫在眉睫，这需要将"服务"作为高校进行文化行政体系改革的核心理念，在行政管理实践活动中促进服务型行政文化的产生和发展。高校行政活动实践是高校服务型行政文化产生的前提和基础,这一方面要求把全体师生的意愿放在第一位;另一方面又要求不能扰乱高校各个系统的正常运营。行政管理的服务对象是全体师生及其利益,因此,高校行政管理在决策实施等方面不仅要充分考虑全体师生的需求,而且要把这种行政理念向社会公众传播。高效服务型行政文化主要有以下四个中心思想:

第一,服务思想。高校行政管理采取的是自下而上的监督方式,而不是自上而下的管制运行方式。行政部门是为全体师生提供服务的对象,为全体师生提供高质量高水平的服务和产品是行政部门的职责,要做到这一点,需要行政管理部门与师生之间建立密切的联系,及时听取他们的意见建议和需要,尤其要注意有关师生个人发展的问题,为提高工作质量打下坚实的基础。

第二,有限行政。滥用职权、越位错位、泛化扩大等现象不仅使行政权力与学术权力本末倒置,而且无法满足广大师生的实际需求,这在很大程度上使行政管理部门的工作开展更加艰难,同时也分散了相关部门处理重要事务的注意力。所以,有限行政理念要及时注入服务型行政当中。换句话说,就是要对行政部门的职权进行限制,要将行政权力的重点放在为师生服务上,而不是让其成为限制师生行为的规章制度。更重要的是,要在服务所需要的范围内行使相关职能,不能越界。有效行政能够将行政部门分散的精力聚集到高校整体发展方向问题上,从而提高行政效率,另外,也让师生重新获得了属于自己的权利,可以促进师生的自我管理。

第三,责任行政。在服务型行政建设过程中,高校行政管理部门要严格遵循责任行政的管理准则。高校行政管理工作要坚持责任与义务相统一的原则。在制定和实施相关规章制度时,要把师生利益放在首位,坚持以人为本的理念,做到履行职责和为师生服务相结合。

第四,透明行政。社会的发展使得对高校民主自治等方面的要求逐渐提高,越来越多的师生主动关注学校发展,并积极参与到学校行政管理的工作中,这就要求学校加快党务公开和校务公开的进程,鼓励全体师生参与到高校行政管理工作当中来,让高校行政具有公开性、透明性。另外,促进高校行政工作透明公开有利于保障全体师生对行政管理工作及工作人员的监督权。

(二)高校服务型行政组织建设

1. 服务型行政组织理论认知

行政组织是一个双重概念,动态的行政组织是指一个活动过程,是为了达到一定的组织目标而实施的领导、计划、决策、执行、监督、协调等一系列活动;静态的行政组织则是指一个机构体系,是为了达到组织目标而按照一定的权责关系组合在一起的、具有合理结构的公共管理活动群体。

传统行政组织理论包括古典组织理论、行为科学组织理论和现代组织理论。古典组织理论主要包括科学管理组织理论、以法约尔为代表的行政管理组织理论和以韦伯为代表的官僚组织理论。古典行政组织理论将工业管理中的专业、分工、协作等概念引入到行政组织管理中来,强调行政组织管理的程序化、层次化、制度化,改变了以往行政组织根据长官意志运行的状况,有利于提高行政效率,规范组织活动。古典行政组织理论的局限在于它将行政组织作为一个封闭的静态系统来研究,忽视了行政组织系统与外界整个社会系统之间的交互作用。

行为科学组织理论在古典组织理论的基础上更加注重对组织效率及其影响因素的研究,其重点在于研究人以及人的行为对组织效率的影响,还开辟了对"非正式组织"的系统研究。行为科学组织理论开始了对组织内部行为主体的研究,使行政组织研究从静态转向了动态,但其研究还不够深入,特别是对作为整体的行政组织的研究仍带有封闭性。

现代行政组织理论引入了系统论、信息论和控制论的研究成果。他们认为,行政组织不仅是一个结构合理、分工明确的整体系统,更是一个与外界环境相互作用的开放系统,任何一个组织的外部环境与组织内系统都处于运动变化之中。特别是随着信息化、网络化社会的到来,人与人之间、组织内部各系统之间、组织与组织之间的沟通方式发生了根本性变革,行政组织的组织结构、管理方式、行为方式也必将发生根本性变革。

服务型行政组织理论逐步发展完善,与传统行政组织理论不同,服务型行政组织改变了过去统治行政和管理行政的组织模式,从理论基础和实践手段上对以往的组织理论进行了根本变革。服务型行政组织增强了对外部环境变化的适应性,提高了行政组织对服务对象需求的快回应性,它不仅试图解决组织目标与组织内部成员之间的矛盾,更力求从根本上解决组织目标和利益与组织外部需求和利益之间的矛盾冲突。服务型组织就是把服务作为一种基本的理念和价值追求,将行政组织定位于服务者的角色上,把为组织内外成员、社会公众服务作为自身存在、运行和发展的基本宗旨。

2. 高校服务型行政组织的构建

一般行政组织具有的属性,高校行政组织也有。本质上来讲,高校是一个社会文化组织,主要是为教育和科学研究服务,这是高校行政组织的主要目的。因此,在建设高校服务型行政组织的过程中,首要目的是进行教学科研,除此之外的其他属性,都应该排在这一属性之后。为此,应该从以下四方面着手构建高校服务型行政组织:

第一,构建创新行政组织结构。组织结构规定了组织框架的系统,该系统决定了组织能否科学有效地运行。这一组织结构也是高校组织结构的重要部分之一,体现了高校行政组织的建立、隶属和等级关系,反映了高校行政组织与学校中其他组织之间的关系。高校传统的行政组织结构通常表现为金字塔结构,或者是树形结构,这种组织结构的优势是可以确保需要实施的决策得以集中落实下去,但是,当管理层级较多时,这一组织的弊端也会更加明显。

扁平化组织更适合于高校以服务为导向的行政管理需求。所谓的扁平化，指的是减少管理过程中的中间层级，让相应事务的执行者具备最高决策权。扁平化的组织结构实行的是分权管理，在相应的技术基础上，这一组织结构在降低管理成本的同时也提高了执行效率。目前中国大多数高校实行的三级管理制度，实际上也是一种扁平的组织结构的演变。然而，二者的具体实施过程仍旧存在一定差异，其原因主要是上级对下级的权力下放程度还不够，因此要对行政组织进行管理，让相应的部门得到决策权，并且执行决策时也应该受到监督。

高校行政组织的关键方法，是直接建立管理部门，并下放学校行政决策的权力。这样的组织结构可以将有限的人力资源最大程度地利用起来，充分将高校的多学科优势发挥出来，执行的决策也可以面向更多的人群，使得服务对象能够直接受用。因此这一模式不仅非常高效，也和市场原则相匹配。

第二，整合行政机构职能。高校行政机构职能是指高校行政组织依照法律规定对高校行政事务进行管理时应承担的职责和具有的功能。当前我国规模相当的综合性高校，机构设置几乎都按照党群机构、行政机构、直属机构来划分。通常党群机构下设党委办公室、组织部、宣传部、统战部、保卫部、人武部、纪委、工会、团委等；行政机构下设校长办公室、人事处、财务处、基建处、科技处、实验室与设备管理处、教务处、研究生处（院）、学生处、审计处、监察处、保卫处、保密处等；直属机构一般包括图书馆、档案馆（校史馆）、信息中心、电教中心、后勤集团、校医院、出版社、校办产业集团等。高校的这种行政机构设置和职能分工有以下方面的弊端：

首先，如果单纯地依照政府部门对职能进行划分，并不符合高校行政管理的特点。从本质上分析，高校是一个社会文化组织，其最根本的属性是学术性。因此，高校行政机构的建立和运作都应侧重于教育和科学研究。

如果是依照政府部门的模式进行职能划分，则必然造成对学术性这一属性的忽视，即使有主观意愿，客观效果也难以显现。这种模式虽然让行政管理的执行力变强了，但是它的服务功能却削弱了，这也导致高校的行政管理更加重视政治，表现得具有强制性，只关注上级下达的决策，难以做到真正地为学校师生服务。

其次，如果是参照政府部门的职能划分，容易导致高校内多个部门职能的重叠或偏离，这种职能划分会降低行政效率。例如，高校中的部分工作与审计、监督办公室重叠，保安室和保密室的功能也有重叠。其实，许多高校建立的视听中心和计算中心可以放到学校的教务部门中。在实际工作中，由于这些部门相对独立并且拥有多个领导者，如果将不同部门纳入同一任务，不可避免地会降低工作效率。

最后，如果参照政府部门的职能划分，将导致高校各个部门之间的权力失衡。教育和科学研究工作是高校的根本目的，其他工作是在此基础上展开的。但是，目前高校的职能划分使部分职能部门的话语权增加，掌握的学校资源更多，导致发展不均衡。比如，高校中的财务部门、人事部门等，会比教学部门和科研管理部门的话语权更大，这肯定会影响高校的整体健康发展。

整合现有行政机构的职能，意味着具有类似管理职能的部门和工作内容密切相关的部门将被整合成一个部门，进行统一管理。这样不仅可以提高行政效率，降低行政成本，也可以让行政机构更好地处理高校中的各项事务，为所有师生提供更好的服务。这种整合与当前我国为改进政府机关管理而实施的大部制改革相类似。

第三，开放行政组织体系。根据系统组织理论的相关知识，每个行政组织不仅是一个整体系统，还是一个开放系统。这一个系统结构合理，分工明确，与外部环境也在积极发生作用。在社会经济不断发展、高等教育体制深化改革的作用下，高校体系与整个社会体系，以及高校内部的某些体系等之间的相互作用越来越强，双方的整合也在逐渐加深。高校行政管理部门在管理过程中，应该做出改变。以往，高校行政管理部门实行的是单向管理控制，即仅对自己下属的部门提供服务，这是单向的。高校应该将其行政控制职能和服务职能两者分开，使相关部门和社会组织都参与到决策中来，并监督行政决策地制定和执行，这将会大大提高决策的民主性和科学性。因为这样的组织系统是非常开放的，高校的行政组织不再是过往的权力拥有者，而是有了更多角色，它既是服务的生产者、提供者，也是服务的组织者。这样，也可以使行政服务更加贴近学校师生，能够充分调动组织内部的潜力，通过各种方法实现不同组织之间的良好互动，让行政执行更加灵活，为学校的所有师生提供更加高质量、高效率的服务。

第四，行政服务方式可以市场化。市场有着双重含义：一个是商品进行买卖的场所；另一个是指特定区域内的商品或服务的提供与支付能力需求之间的关系。市场是社会分工的产物，与商品经济的关系非常密切。市场化是一种由市场需求驱动的运行机制，市场讲究的是优胜劣汰，并通过这种竞争方式达到有效且合理的资源分配，并实现效率最大化。

高等教育不同于商品市场，教育的产业化发展是不科学的，它与中国高等教育的发展是不相容的，但是像竞争和效率之类的市场理念和方法仍然可以被引入到高校管理中来。市场化观念对学习教育和研究中心的工作有一定的积极影响，高校行政管理部门应该根据学校师生的客观需求，吸收市场竞争和激励机制的优势，并将其发挥到具体的管理工作中，为师生提供更多方式、更高质量和更高效的服务。在管理过程中，具体可以从以下三个方面进行考虑：首先是在高校管理中引入市场机制，促进有效竞争的产生。有效的竞争可以避免某一个行政部门在管理过程中出现垄断行为，让管理更具活力。例如，由高等院校进行作风评估，使部门之间形成竞争，评选出最优质的服务。最终，这会有助于形成良好的作风效应。其次是改善行政机构的服务功能，增加服务提供者的数量，使师生对于行政部门有更多的选择性，选择自己最需要的服务，在获得相应的服务之后，还应该及时有效地评估这些服务的提供者。最后是模仿政府部门在高校建立行政服务中心，为学校师生提供一站式服务。

（三）高校服务型行政制度建设策略

行政组织健全的标志，是行政法制得到了完善，这也是依法治国的重要手段之一。随着中央政府关于促进法治的各项政策出台，法治的进程也正在我们社会的各个行业和领域中加速发展。对于高校来说，加强和改善高等教育机构的建设是实施法治的基本原则，这些要求也体现在高校管理的各项规范中。在高校建立服务型行政管理的过程中，最重要的是制度建设，高校在管理过程中，不仅要保证制度的合法性，还应该确保其是科学有效的，这与整个高校服务型的行政建设成功与否息息相关。高校服务型制度建设主要由以下方面构成：

1. 制定科学民主的决策制度

行政决策指的是，在高校管理过程中，要在相关法律法规的规定下去解决管理过程中的问题。行政决策表现出的特征：① 行政决策的主体是确定的，是控制执行权的组织和人员；② 行政决策范围非常广，包括整个社会或其中的大多数；③ 行政决策是权威性的，一旦宣布一项决定，它的约束力对于整个社会成员都是有效的；④ 行政决策必须反映国家或公共利益的意愿。因此，制定的行政决策一定是科学有效的，如果未达成这样的效果，就会对整个社会产生严重影响。

与政府决策相比，高校行政决策除了具有一般性决策的特征外，还具有其自身的特点，主要表现在决策过程中的行政权力与学术权力两者之间的制衡。如果想做好科学的决策，就必须处理好行政权力与学术权力的关系。高校决策制度包括高校的体制建设、规章制度等方面的内容。

构建科学民主的决策制度应注意以下方面：

第一，应该使决策的主体表现得更加多样化和民主化。我国高等教育正处在不断的发展之中,高等教育的管理体系也正在往多元参与方面逐步发展,这与之前的统一领导有明显不同。对于高校的发展,不应该仅仅只是依靠政府部门和高校领导者的管理,高等教育的成功还需要社会全体人员的共同努力。学院的老师、学生以及与高校有关的每个人,都是教育中的利益相关者。这里的每个成员都有着迫切的愿望,都想要参与到决策中来,这也导致高校决策正在朝着多元化和民主化的方向发展,从而促进了高校决策的发展。

第二,在决策中,分级决策和分类决策应一并进行。分层决策和分类决策两者有着各自的优势,因此,在高校管理过程中,两者需要一起进行,这也有助于高校正确处理行政和学术权力之间的关系。高等教育可以分为以下六个政策领域：① 总体规划和决策；② 预算和财务；③ 入学方法和录取机会；④ 课程安排和考试；⑤ 不同级别教师的任用；⑥ 决策的领域。所谓分级决策,是指将高校里面的科研计划、教师组成、课程设置、考试安排等的决策权下放,让基层的学院做出决策。然而,分类决策意味着由校长领导的行政机关仅在学校的发展方向、保证条件等方面做出决定,而学术政策由学术委员会来决定,让行政权力与学术权力两者可以相互限制,在管理中达到权力平衡。

第三,需要完善决策咨询、决策执行和决策监督的运作机制。事先进行决策咨询时,不应基于经验和主观假设,而应与专家充分协商,并应获得师生的建议。在决策和执行过程中,有必要理顺每个决策中的关系,让决策能够落实下去。不仅如此,还应该充分发挥监管部门在决策中的作用,避免决策过程中滥用职权,引入相关的问责制,对应决策失误需要让相关人员负责。

2. 推进校务公开制度的建设

高校校务公开是高校将改革建设发展和管理运行中的相关事务信息以确定的方式和时间在相应范围内公开其内容、程序、结果以求实现公众告知或公众反应的行政行为。高校校务公开是建立现代大学制度、完善高校法人治理的必然要求，是高校发展基层民主、保障高校建设发展的现实要求。校务公开保障了高校师生员工和社会公众的知情权、参与权、表达权和监督权，对于促进高校科学发展意义重大，因此，它已经从高校普通行政行为上升为一种具有强制性的民主制度形式。我国高校校务公开实践虽已开展多年，但是还不能达到常态化、规范化、制度化的要求，工作中也还有一些问题需要探讨，比如怎样处理党务、政务、信息之间的关系，如何掌握公开与保密之间的界限等，因此校务公开制度在很多方面仍需要大力推进。

第一，完善校务公开的领导体制和运行机制。高校校务公开是一项系统工程，要在高校党委统一领导下，实行校、院、系分级负责，各个职能部门分类负责的管理体制，同时要接受纪委监察部门以及职工代表大会的监督检查。在实际运行中应当确定一个部门负责校务公开的具体事务性工作，该部门负责每一个校务公开项目从项目确认、公开通告、监督检查到最后责任追究的全过程管理。

第二，建立校务公开的项目目录。校务公开项目分为决策事务公开、一般事务公开和依申请事务公开，其中决策事务公开、一般事务公开为学校依据规定主动或例行公开的学校事务，依申请事务公开是学校应相关人申请，依据规定被动公开或非例行公开的学校事务。建立校务公开项目目录就是要明确这三类公开项目所须公开的具体内容、形式、范围等，以目录树的形式固定下来，作为校务公开的依据和标准。当然这个目录不是固定不变的，它依据校务公开事项的实际情况不断更新完善。

第三，完善校务公开的工作制度。校务公开工作制度涵盖了校务公开的整个实施过程，包括项目确认制度、项目滚动管理制度、报告通报制度、监督制度和责任追究制度等，以制度的形式将校务公开工作的各个工作环节确定下来。

第四，重视网络信息技术的应用。随着网络信息技术的发展，互联网、微博、微信等新兴媒体覆盖面广、受众面宽、传播速度快、社会影响力大的特点为校务公开开辟了一个全新的传播领域。但是网络是把双刃剑，校务公开在充分利用这个便捷、透明的网络平台的同时也要时刻警惕和防范网络中不良言论、谣言散播等现象迷惑学生、影响高校稳定、破坏高校发展成果。

3. 建立有效可行的沟通机制

沟通是人们交流想法、表达观念的手段，而管理则是为了达到某个目标而对资源进行分配的手段。为了使资源能够按照既定的目的进行配置，必须借助"沟通"这一媒介。可以说，沟通是贯穿管理活动始终的。因此，也就毫不奇怪，为什么管理者往往将沟通视为管理学中的核心课题了。沟通能够使得被管理对象了解自己应当在集体中扮演的角色，可以增强管理的效率和效果。有研究表明，在同样的资源总量下，良好的上下级沟通能够大大提升资源的利用率，从而提高管理目标实现的可能性。高校作为一个特殊的管理机构，在其行政机制运行过程中，当然也少不了沟通的存在。一般而言，良好的沟通机制应当具备以下特征：

第一，管理者拥有良好的沟通欲望与方法。作为管理者，其个人作风对整个团队的行为具有决定性影响。因此，在领导层面建立沟通文化是必要的。

第二，将沟通作为管理制度进行打造。诚然，主观的沟通同样能够发挥重要作用，但个人特征永远也不能取代制度的作用，因此，必须建立行之有效的沟通机制。

第三，讲求沟通的艺术。管理是一个充满人情味的工作，沟通也不例外。沟通不是简单的上行下达，不是机械的"充分理解"，而应当是消除管理信息通讯障碍的手段，因此，沟通应当是互动的，需要本着相互理解的态度进行。

4. 构建合理的服务评价制度

与沟通不同，评价是判断管理效果的一个手段。管理者可以通过被管理者及服务对象的评价来获知自身一段时期内管理效果的好坏。好的评价制度应当具备以下标准：

第一，建立行之有效的服务评价机制。管理部门应当将被管理者的各项工作予以量化，以便被服务者能够根据自身的被服务感受对服务提供者的工作进行数值化评价。同时，管理部门要及时对评价内容予以反馈，充分发挥评价制度的价值。

第二，高校特殊评价体系。具体而言，就是以师生为评价主体。在高校环境中，师生既是被管理的对象，又是被服务的对象，因此，建立以师生为主体的评价制度，使校园话语权向下转移，这对建立新型校园管理体系非常有必要。

第三，建立完善的评价反馈制度。评价要落在实处，就必须对评价内容进行追溯回访，并适当利用追责机制，确保评价中反应的问题能够得到及时解决。追责要按照首要负责人制度推行，避免执行过程中出现扯皮现象。此外，追责时限也必须有明文规定，以防懒作为、不作为现象出现。

5. 完善科学的人才管理制度

对高校而言，人才资源不仅包括教师、科研人员，还包括行政管理工作人员。随着我国高等教育事业的发展，高校规模不断扩大，学生数量激增，高校与社会之间的交流日益频繁，内部与外部环境的变化给高校的行政管理工作带来了前所未有的挑战。与之对应的是，高校管理工作的薄弱和管理人才的匮乏已经严重影响了高校学生培养、科学研究和服务工作，制约着我国高校建设高水平大学的发展愿望的实现，高校管理工作人员与高校事业整体发展不相适应，一切服务都是空谈，因此必须大力加强管理人才建设工作。

第一，严格管理人员聘任制度，提高管理人员素质。从实际情况来看，一方面由于历史原因，过去国内高级人才整体匮乏，高校行政管理工作人员的知识水平同高校教师群体相比明显较低，行政管理能力与服务水平先天不足；另一方面也是高校在聘任管理人员时要求不严，不仅容易滋生人事腐败，也容易造成管理工作进展迟缓。要提高管理人员素质，先要从管理人员聘任着手，严把管理岗位入职关口，实行管理人员资格准入制度。

第二，建设高校管理人员二次教育体系。当今社会经济与科技发展日新月异，管理高校的难度也不可同日而语。因此，高校管理者必须跟上时代的步伐。而跟上时代步伐的最大倚仗，就是不断学习，不断汲取新知识。

第三，建立健全岗位晋升制度。在我国传统的考核体系下，年终考核模式扮演了决定性角色。这种"一锤子"式的考核模式很难反映一个管理者一年以来的完整表现，更不必说以此来决定一个管理者或被管理者的成败。现实情况是，年终考核往往只能体现年终最后一段时期内的冲刺表现。为了获得年终考核的良好表现，管理者常常难以做到从长期管理目标出发解决问题，因此，要改变这一现象，必须从改革考核模式入手。

第二节　三全育人视域下高校行政管理推进

一、"三全育人"视域下高校基层行政管理人员岗位胜任力提升路径

高校基层行政管理人员是高校教学科研工作的后勤服务与保障力量，

他们的岗位胜任力对高校的整体管理水平有一定影响。

（一）"三全育人"视域下提升高校基层管理人员岗位胜任力的重要性

岗位胜任力是能将某一工作中表现优秀者与表现一般者区分开来的深层次个人特质。高校基层行政管理人员主要包括各职能机关科级及以下员工、二级学院党政及教学秘书、辅导员、专职组织员等，他们是高校教学、科研、人事等各类管理工作的具体执行者，工作核心是为人才培养、科学研究、社会服务和文化传承等工作提供服务与支持。在"三全育人"工作理念指引下，作为在学校中与师生接触、联系最紧密的群体，要发挥好基层行政管理人员先头兵、桥头堡的作用，可以从管理技能、人际技能、工作技能等方面切实提高基层行政管理人员岗位胜任力，进而强化队伍整体素质，以实现管理育人质量、服务育人质量的双提升。

（二）提升高校基层行政管理人员岗位胜任力的途径

在高校全力推进教育改革与创新，尤其是加快推进"双一流"建设和学科专业结构调整的背景下，为切实做好"三全育人"、全面提升育人实效，基层行政管理人员岗位胜任力必须得到有效提升，其提升途径可以从内在自身因素和学校层面两个方面考虑。

1. 自身因素

（1）加强学习，强化政策领悟力

正确的思想认识能更好地指导实际工作。基层行政管理人员要提高学习党和国家各项教育方针政策的自觉性，深刻领悟精神内涵，紧紧把握文件要义，牢记"以德树人"根本任务，在工作中时刻端正思想认识、坚定理想信念，以正确的立场、观点、方法去认识、分析和解决问题，立足本职岗位，理论联系实际，为胜任岗位打下坚实的理论地基。

（2）业精于勤，加强工作执行力

面对纷繁的工作，基层行政管理人员要脚踏实地地做好本职工作，完善岗位台账，同时要善于总结，勤于反思，在工作探索中逐渐找出适合岗位、适合自己的工作方法，提升业务处理、化解问题的能力，提高参谋水平、创新意识，进而使工作效率更高，工作效果更好，岗位执行力得到有效提升。

（3）提高修养，强化自身沟通力

基层行政管理人员的核心工作围绕"服务"展开，在工作中要树立"以师为本""以生为本"的管理理念，强化服务意识，克服内心的畏难等不良情绪，做好沟通协调；在难以解决的困难面前，要调整好心态，稳妥处理好领导与教师、学生与教师、管理与被管理的关系；在遇到委屈与误解时，要保有良好的职业道德，及时沟通，积极化解问题。

2. 学校层面

（1）以提高业务能力为前提，开展培训交流

要提高基层行政管理人员岗位胜任力，确保"三全育人"落实到位。首先，要做好思政引领顶层设计工作，提升对管理工作的认可，树立管理是高校育人工作重要手段的意识；其次，要积极组织开展专岗培训，锤炼业务能力，可通过各部门组织开展管理人员例会、经验交流分享会等形式，鼓励老带新，充分发挥传帮带作用；最后，可适度对岗位进行动态化管理，探索内部轮岗，鼓励外部交流的管理模式，岗位轮转会使行政管理人员对不同的岗位产生共情，从而对本职工作有更深的领悟，减少职业倦怠，提升工作质量。同时亦可选派年轻有为的管理人员走出去，通过挂职、进修等方式，开阔视野，拓宽工作思路，更好地服务师生。

（2）以提升工作质量为目标，落实绩效管理

绩效管理的目的是通过先进的管理方式理顺管理渠道和模式，强化管理人员的竞争意识和服务意识，以提升管理工作的效率与水平，更好地为

学校发展贡献个人力量。因此学校要进一步落实绩效管理,以明确的工作标准或成果来确定绩效目标,制定绩效计划,设计绩效管理体系,建立行之有效的绩效规章制度。科学的绩效管理将进一步提高高校基层行政管理人员对学校价值取向的理解和认同,并不断提高自身的行政管理工作水平。

(3)以拓宽职业生涯为导向,关爱职工成长

岗位胜任力的表现程度取决于岗位人员的内驱力,学校应构建良性竞争的氛围,激发基层行政管理人员主观能动性和干事创业的热情,要给予高校基层行政管理人员和高校教师同等的薪资待遇,要明确管理岗位晋升标准,打通职级晋升通道,开放职称评审资格,引导高校基层行政管理人员把个人发展目标和高校发展目标相融合,提升基层行政管理人员对本职岗位的责任感和归属感,从而实现个人职业价值与学校发展的双赢。

"三全育人"工作任重而道远,高校在进一步完善"三全育人"工作的同时,也要积极构建学校管理部门的协同联动机制,切实提高管理队伍专业化水平,提升基层行政管理人员的岗位胜任力,以专业、精干、高效的工作能力,进一步发挥协同育人作用,提升师生的满意度与幸福感,更好地为建立健全"三全育人"长效机制而服务。

二、"三全育人"视角下高校二级学院行政管理推进探讨

(一)"三全育人"的内涵

"三全育人"理念具体指导了高校各部门教职员工切实践行"不忘初心,育人为本"的工作路径。高校育人工作并非仅是专任教师和辅导员的责任,而是需要充分利用各方面育人资源,让高校所有人员都认识到自身肩负的使命与职责,全面全阶段参与综合提高人才培育效果的过程。基于

此,高校只有准确把握"三全育人"理念的时代内涵,才能更好地理解该视角下二级学院行政管理工作在育人过程中的必要性与现实意义,从而真正落实"三全育人"。

(二)"三全育人"视角下高校二级学院行政管理推进的可行性

1. 二级学院是"三全育人"的基础单位

"三全育人"要求之一的"全过程育人"强调对每一位学生进行有始有终的培育,即要将思想政治教育融入学生在校的每时每刻。改革开放40 余年以来,我国高校管理体制持续深化革新,校、院二级管理体制及运行模式成为当前高校普遍推行的管理模式。相较于20世纪50年代的校、系模式,二级学院的权责和功能都得到了更为深远的拓展。当前,二级学院是由高校统一领导的基层单位,集高层次人才培养、教育教学、前沿科研、行政管理和服务社会等职能于一体。各二级学院具有相对自主的运行权限和运作模式,能够营造出独特的学院文化和环境氛围,产生和谐、有爱的学院凝聚力,在学习、工作和生活上对院内师生和全体教职员工都有深刻的影响。

2. 二级学院行政管理是"三全育人"的重要环节

"三全育人"要求之一的"全方位育人"强调充分利用校内各类教育手段、形式和载体,从教书、科研、管理、服务等多方位入手,将思想政治教育寓于育人全过程。二级学院行政管理向上对接校级机关,周围协调院内教职员工,直接面向院内全体师生,肩负学院内教育教学管理、党务管理、科研及实验管理、财务管理、人事管理、外事对接及日常行政事务等工作职责,是上传下达、协调沟通的重要基层管理枢纽,也是将学校、学院和学生紧密联结的纽带。随着社会高速发展,我国高校教育教学环境、需求和施教主体也在不断迭代更新,逐渐趋于多元化、协同化。二级学院行政管理是管理育人的重要力量,这就要求二级学院、党委团委等进行联动合作，以学生的在校生活和日常管理为切入点，形成多样化、多维度的思想政治教育共同体，打造课堂内外无缝衔接的思想政治教育阵地。概言之，二级学院行政管理在加强合作，健全管理育人制度，推动"三全育人"更快更好落实推进方面具有重要作用。

3. 二级学院行政管理人员是"三全育人"的关键参与者

"三全育人"要求之一的"全员育人"强调有效发挥所有教育过程中参与人员的能动作用，汇聚全员智慧与力量，采取多样化的方式推进高校立德树人的工作，以培养心怀"国之大者"的有志青年，培养担当民族复兴大任的时代新人。高校二级学院是育人的基础单位，学院行政管理工作直接面向和接触处于育人一线的师生的岗位性质决定了二级学院的行政管理人员是育人环节不可或缺的角色，故其积极参与"三全育人"是具有必然性的。当前，高校综合改革正在不断推进，行政管理人员在承担学院具体事务时，也承担了多种工作，其岗位职能和职责范围不断扩大和多样化，角色定位也在不断创新突破，其中服务和管理的职能愈发突显。因此，二级学院行政管理人员是管理育人和服务育人双重责任的承载主体，其专业化水平、职业素养和个人素养直接影响着学院"三全育人"的执行力度与科学性，也使师生对学院现状和文化氛围形成了直观感受。正所谓"立德于心，育人于行"，学院行政管理人员虽不会站上三尺讲台，但其一言一行也映射出学院和学校的文化素养和思政底蕴，是"三全育人"潜移默化的关键参与者。

（三）"三全育人"视角下高校二级学院行政管理推进的创新路径

1. 加强组织领导和顶层设计

党的全面领导是办好中国特色社会主义高校的根本保证。要切实加强党的领导，全力确保政策举措落地见效。这就要求高校不断强化党对二级学院的领导，发挥二级学院党委政治核心作用，加强基层党建工作。因此，二级学院党委要坚持以习近平新时代中国特色社会主义思想为指导,牢牢把握学院意识观念工作领导权,统筹规划,把学院各部门的党建工作与学院事业发展有机结合起来。首先,要定期组织学院师生和各机构部门参与思想政治学习,保证院内齐心协力创造良好的思想政治生态,提升"三全育人"实效;其次,要根据学院行政管理工作的岗位要求和工作特点,对学院行政管理部门党支部提出进一步的建设要求,提高行政管理人员政治站位,强化"三全育人"理念,充分发挥行政管理部门党支部战斗堡垒的作用;再次,要优化学院思政工作的顶层设计,优化人才培养模式和学院运行机制,不断夯实行政管理部门全员、全过程、全方位育人的思想基础,营造管理育人、服务育人、与各部门协同合作育人的良好氛围;最后,要充分考虑到学院行政管理工作烦琐复杂的工作性质,重视行政管理工作痛点和难点,以及行政管理人员的现实需求,提高对行政管理部门的关注度及认可度,把管理体制机制改革创新作为突破口,增强学院行政管理人员对"三全育人"工作的责任感,提高其自觉参与度。

2. 完善行政管理考评体系

高校二级学院行政管理工作内涵广泛、对接事务和人员比较多样,因此要想优化工作运行秩序及提高效率,就需要建立健全科学合理的学院行政管理体系,将国家政策、学校制度和学院规范及时更新落实在学院行政办公条例中,使新形势下的行政管理工作有条理、有依据。同时,要不断探索完善岗位评价体系,将"三全育人"的实施情况作为二级学院行政管理人员的考核指标之一,定期通过自评、互评等多主体、多形式的评价对行政管理人员工作情况和育人成效进行直观的了解。对于表现优异的管理人员,可以在精神和物质上考虑进行重点培养和奖励,以示鼓励;对于考评结果不理想的管理人员要给予关注和帮助,找到工作问题的症结,要求其及时改正,同时要做好心理疏导和思想工作;而对于考评严重不合格者或师德师风不正者实行"一票否决制",予以精神和物质上的惩戒,做到奖惩有度，以评促建。通过不断完善行政管理考评机制和监督机制，抓好立德树人这一根本任务，将"三全育人"工作在二级学院行政管理部门和人员中扎实有效地推进。

3. 提升行政管理人员育人角色认同感

高校二级学院是育人的基层单位，教育教学、立德树人是学院所有工作的核心，学院行政管理人员作为学院框架下的重要成员，具有协同育人的重要职责，主要体现在以下方面。首先，学院行政人员扮演的是管理和服务的角色，作为学院工作的深度参与者和执行者，其工作内容比较宽泛，要将服务体现在管理中，将管理落实到服务中，为学院师生的教学、科研、活动组织提供有力的支撑。其次，学院行政人员扮演的是沟通协调的角色，在传递、落实上级部门指令的同时，要做好院内各环节和各主体之间的协调和安抚工作，妥善处理好师生意见和问题，打造和谐的互动关系，从而构建良好的育人环境。这就要求管理人员充分认识到自己的岗位职责和角色定位，形成强烈的角色认同感，这样才能在行政管理工作中更好地发挥主观能动性，配合学院党团组织、专任教师各方共同实现"三全育人"。比如，可以通过新媒体渠道采用线上＋线下形式在学院各部门宣传讲解"三全育人"理念和政策，引起行政管理人员的重视，增强其育人意识；可以考虑组织学院行政管理人员开展在岗培训，通过专题讲座、集中讲授、交流汇报、典型案例示范等方式，帮助其树立正确的岗位观念和育人角色意识，使其发挥自我效能，不断提升专业工作技能，进而更好地为学生提供各项服务。

（四）加强行政管理人员素质和能力培养

高校二级学院行政管理人员作为育人环节的成员，要意识到"为人师表"的重要性。首先，要拥有较高的思想政治素质和职业道德水平，提高师德自律的自觉性。对此，可以将与时俱进的师德教育内容、时代典型案例融入创新教育过程，将教师素质和师德培训贯穿学院行政管理工作收尾。同时，拓宽教育实施路径，选取优秀师德典范，为广大学院行政管理人员树立榜样，引导教师自觉提升个人素养和师德师风水平。另外，作为各项策划、实践等活动的具体组织者和执行者，行政管理人员的工作能力决定了学院育人方案是否结合师生实际、是否"接地气"。对此，加强对学院行政管理人员的工作能力培养，将有效提升"三全育人"理念在学院具体执行时的力度和科学性。具体而言，学院行政管理人员要加强积累，提高行政管理本职工作技能，包括公文处理与撰写、上至国家政策下至学院规章的熟记与理解、学院事务处理等技能。其次，要提升信息化技术的掌握程度，促进信息资源进一步共建共享，了解学生的动态及需求，让协同育人的工作更加精准省时高效。具体而言，学院行政管理人员要提高统筹安排及沟通协调的社交能力，在育人过程中能够更好地配合专任教师和辅导员等多部门处理好各类学生事务，从而提升育人的成效。

　　"三全育人"是对高校育人现状的强有力指导。当前，各高校正在着力推进"三全育人"理论创新和实践探索，有效提高人才培养的专注性和效率性，呈现出生机勃勃的大好局面，为培养德智体美劳全面发展的社会主义建设者和接班人打下坚实的基础，起到了重要作用。而要解决高校在开展育人工作中存在的思想问题和实践问题，就要高度重视育人一线的落实情况。因此，作为"三全育人"过程中的关键主体之一，高校二级学院行政管理部门及人员与学生对接，是协同育人领域的长期课题。在新形势下，高校要重视二级学院行政管理工作，引导、鼓励、教育管理人员从自身做起，明确角色定位，顺应教育发展的变革和创新需求，担负起育人使命，发挥"三全育人"效用，为培养出德智体美劳全面发展的人才而努力，进而助力高等教育改革发展、服务党和国家工作大局。

第五章 三全育人视域下师资管理模式

第一节 高校师资管理队伍建设

一、提高质量阶段高等院校管理队伍建设任重而道远

如果说，规模扩张和新建发展阶段高等院校管理工作不精细，管理队伍没有排上十分重要的议事日程，还只是一个阶段性的问题，但如果长期继续这样的理念和做法，既会影响教育教学质量的提高，更会影响学校的可持续发展，必须把加强管理工作和管理队伍建设摆上新的高度，主要理由是：

（一）高等教育规模发展到一定阶段后必须重视管理革新问题

我们提出加强管理干部队伍建设，提高高等院校管理水平，并非是对我国高等院校管理现状持一种否定观点，而是说，过去的状况是一个阶段的必然现象，而现在我们的高等院校已经有相当规模了，在规模达到一个阶段后，管理问题就显得重要和突出。正如著名学者所言，一切规模较大的组织或多或少需要组织指挥和协调，一个小提琴手是自己指挥，一个乐队就需要指挥。现在高等院校少则 5 000 人，多则上万人，科学的管理机制、专门管理制度、高水平的管理队伍十分必要，管理队伍应该有专门的序列、专职化的人员配置和发展进阶。

（二）高等教育进入提高质量阶段后管理工作需要提升和加强

规模扩张是显性，而提高质量是隐性，十年树木、百年树人。因此提高质量，高等院校有大量的文章可做，教学工作的科学安排，师资队伍的合作调度，安全稳定机制的建立，思想教育的有效性，尤其是与高等教育特征相适应的校企合作、工学结合机制的建立等，都是管理工作和管理队伍建设的重要范畴。

二、高等院校管理队伍建设的主要价值取向

构建全方位、整体化高等教育管理队伍，可以从不同角度进行分类建设，也可以作为高等院校管理队伍建设的主要价值取向。

（一）从管理队伍层次看，高等院校需要决策领导型、管理协调型、执行操作型三层次管理者

1. 决策领导型管理者，主要是指高等院校的校级领导班子

这支队伍应该具有较强的法律法规和方针政策意识，具有较强的市场意识和民主意识，懂政治、懂教育、懂市场、懂人才、懂学生，能够抓住机遇、能够整合资源、善于谋局用人、善于创新发展。这支队伍应该做到素质优异、数量适当、智能互补、结构合理。

2. 管理协调型管理者，主要是指中层管理干部队伍

他们在学校建设和发展中起着承上启下的中流砥柱作用，对他们的基本要求是，能创造性地开展工作，具有较强的学习力和执行力，能够把文件学清楚，把市场搞清楚，把思路理清楚，把事情做清楚，把话语（总结）

说清楚。

3. 执行操作型管理者，主要是指高等院校管理队伍的基层干部

对他们的基本要求是：忠诚、专业、负责，能够领会领导意图，严格规范办事，认真履行岗位职责，在分管职责内充分行使职权，承担责任，做好工作，成为行家。

（二）从管理工作内容看，高等院校管理队伍建设需要重点培养六类人员

1. 教学管理队伍

这是高等院校管理队伍的基础性人才。学校工作以教学为中心，人才培养工作是重心，建设一支熟悉高等教育规律，懂市场、懂专业、会管理的教学管理队伍十分重要，它既包括教务处等职能部门，也包括实训等辅助教学管理部门，当然，更包括系（部）和专业（教研室）主任。

2. 育人管理队伍

这是高等院校管理队伍的重要组成部分。学校工作必须坚持以育人为本、德育为先，育人工作是学校工作的核心。因此，建设一支高素质育人管理队伍至关重要，他们必须懂学生、懂青年、掌握育人规律，具有教育学、心理学等方面知识，爱学生、负责任、会教育、愿服务。

3. 市场营销队伍

从某种意义上说，市场营销队伍是职业教育的特殊组成部分，也是有机组成部分。正确定位、研究市场、开发市场、巩固市场是一所学校得以生存和发展的必要条件，正因为这样，高等院校必须培养一支市场意识强、营销水平高的人才队伍，促进高等教育可持续发展。

4. 安全管理队伍

发展是第一要务，稳定是第一责任。一所学校要创新发展、提高质量，其前提是安全和稳定，因此，建设一支忠于职守、纪律严明、责任心强，具有牺牲和奉献精神的安全管理队伍显得十分重要。

5. 后勤保障队伍

学校是一个综合体，高等院校学生都远离家长，以住校学生为主，因此，建设和完善后勤生活设施是我国现阶段高校运行模式的常态。正因为如此，同样需要建设一支服务意识强，具有较好服务技术和能力，脚踏实地、勤奋实干的后勤保障队伍。

6. 辅导员队伍

辅导员是我国高等学校队伍建设的特色，其主要任务是学生思想政治教育、学生发展指导和学生事务管理。按照中央有关要求，辅导员队伍要按照双重身份、双重待遇、双线晋升的要求，既要作为师资队伍来抓，也要作为管理队伍来抓，并切实增加投入，加强建设。

（三）高等院校加强管理队伍建设具有特殊意义

从高等教育的主要对象看，报考高等教育的学生，其在传统教育模式下的基础教育阶段。大部分不是最成功者，他们饱受过挫折，受到过冷遇。进入高等教育阶段后，他们经过三年的学习，要从普通中学生顺利实现向职业人的转换。在这个背景下，对大学生进行政治引导、学业辅导、职业指导的任务十分繁重。我们需要激发大学生的成功欲，需要唤起大学生的创造欲，也要改正学生在基础教育阶段养成的不良习惯，建立适应高等教育学习的新秩序，正因为这样，仅学生教育管理和人才培养工作的任务就十分繁重，正是从这种意义上讲，高等院校更要全员育人、全过程育人、全方位育人。

三、现阶段加强高等院校管理队伍建设的建议

高等院校管理队伍建设是一项系统工程，必须进行制度上的顶层设

计，并争取有力措施加以推进。

（一）积极构建"双阶梯"式管理和激励模式

这就是说，高等院校必须建立起专门的师资队伍和管理队伍，两支队伍允许有交叉，但对"双肩挑"的范围和条件应有严格限制。师资队伍与管理队伍承担的岗位职责不同，遵循的工作逻辑不同，所需的能力要求和知识素质也不同，因此两支队伍建设具有同等的重要性，不可偏颇。就个体而言，应根据自身特长、条件等因素正确定位、科学规划，坚持岗位稳定与转岗慎重；就学校而言，应该明确教师和管理人员的二元序列与双重进阶，使两者在不同的序列下履行职能、在不同的进阶上实现成长发展，特别是在管理制度和办法设计上，采用不同的考核指标，分别采用有效的激励措施，鼓励员工在不同岗位上勤奋创新、做出贡献、争创佳绩。

（二）科学设计管理队伍岗位设置和管理办法

全国范围内正在进行事业单位岗位设置管理和改革。应当说，它对规范事业单位岗位设置和人员管理具有较大的推动作用，对实现事业单位内部管理由经验模式向科学模式发展具有积极的促进作用。但是现行的办法还不够精细具体，在推进思路上仍然沿袭了行政机构改革的相关制度模式，问题是，如果再按行政相关的办法建立薪酬考核办法，那就未必能得到应有的效果，弄不好还会违背决策的初衷。事业单位的存在理由主要是实现各级政府的公共服务责任、落实社会公平与福利的价值追求，不同于行政机构的公共管理职能与社会安全与秩序追求。因此，应该鼓励高等院校从学校特点出发，引入企业化管理机制和绩效考核办法，以真正体现高等院校校企融合的办学追求，比如在教职工的工资结构设计上应当减少固定的基本工资部分，增加灵活的绩效考核内容和办法。

（三）着力搭建一套专门针对管理队伍的综合培养体系

培训和教育是加强高等院校管理队伍建设、提高管理队伍水平的必要条件，为此，应建立综合化、立体式培养体系，尤其是在培养理念与培养内容上，要与师资队伍培训有所区别，各有侧重。具体而言，可包括以下几个方面：一是岗前培训，坚持做到先培训后上岗；二是岗位轮训，及时把新形势、新政策、新理念传达和领会；三是转岗培训，凡轮岗、转岗者都必须经过培训。要做到这些，就必须由教育行政主管部门会同有关方面设计系统的岗培从业资格标准，提供岗位培训条件和渠道，在培养内容上应当强化双语会话、计算机网络应用、公共管理学等方面的能力与水平，从而有利于管理队伍建设的有效开展。

第二节　构建现代师资管理新模式

一、构建国际化培养模式

（一）师资队伍国际化的科学内涵

一些相关文献都曾涉及师资队伍国际化的本质和内涵，但说法不一。结合前人的研究，比较合理的界定是：师资队伍的国际化包含四种基本要素：人员结构国际化、知识文化结构国际化、经历学源结构国际化、人员交流结构国际化，这四种要素综合起来，统一构成了师资队伍的国际化。

第一，人员结构国际化是指师资队伍的人员构成应达到国际化标准，高校的教师和管理人员不仅来自国内高水平大学，还应包括具有国际教育背景的来自不同国家和地区的高层次人才，本土和外来人员的比例因学科或专业而有所不同。

第二,知识文化结构国际化是指高校的教师和管理人员所拥有的教育理念、知识文化以及技术方法应当符合国际化的人才标准,具有通用性、开放性、交流性和创新性等特征。

第三,经历学源结构国际化是指高校的教师和管理人员无论在就读院校、所学专业还是社会实践经历等方面所形成的类型、层次、比例分布的结构应达到国际化标准。

第四,人员交流结构国际化是指高校的教师和管理人员参与国际合作交流活动的数量、质量、层次、布局等方面的结构符合国际化,师资队伍的交流不局限于一些固定的国家、地区或长期合作的几所大学,应当充分实现多元化、多层次以及多渠道的国际化交流。

(二)国内高水平大学师资队伍国际化培养模式现状

高等教育国际化是 21 世纪经济全球化及现代科技发展的产物,受到全世界高校的重视。

1. 国内高水平大学师资队伍国际化取得的成绩

(1)师资队伍中外籍专家、学者和具有境外文化背景的教师比例上升

随着我国教育强国战略的实施,对外开放的进一步深入展,社会经济的高速发展,综合国力的增强,高等教育的国际影响力和国际竞争力也大幅提高,吸引了大量的留学归国人员和具有国际影响力的专家学者参与到我国高水平大学的教学和科研工作中。

(2)鼓励、支持教师国外深造、交流和项目合作,国际化活动广泛

在大力引进国际高层次专家学者,提高师资队伍国际化水平的同时,我国政府和高水平大学特别重视教师人力资源开发与培养机制建设,坚持以能力建设为核心,建立并完善面向各层次教师的海外培训体系,拓宽出国留学进修渠道,通过国家留学基金委的公派留学项目和各高校的留学项目相结合加大师资海外深造的力度。随着我国高水平大学教育核心凝聚

力、竞争力的增强，国际影响力的提升，国际学术交流及合作项目明显增多，国际合作更加密切，国内外学术交流更加广泛。

2. 我国高水平大学师资队伍国际化的发展趋势

随着人才强国战略和科教兴国战略的深入实施，我国通过"双一流"建设等战略项目的持续推动下，高水平大学大力促进师资队伍国际化建设，师资队伍建设在观念、规模、水平和结构上取得了巨大的成绩。

（1）逐渐由重视发展数量到重视严把质量关

我国高水平大学在师资队伍国际化培养的国际人才引进方面取得了很大的成绩，国外学者担任专职、兼职教授进行长期和短期教学、科研交流的数量上有了很大的提高，但是国际顶尖人才和大师级的学者却相对匮乏。引进人才是高校师资队伍国际化培养的捷径，不但优化了师资队伍的结构，而且提高师资队伍的国际化水平，把引进人才的质量放在"引智"工作的第一位，对切实、大力提高师资队伍的国际化水平有深远的意义。

高水平大学在师资队伍建设中鼓励教师出国访学研修、学术会议、合作研究、讲学等学术交流活动，形成了教师不同职业生涯发展阶段需求的专业化发展体系，提高了教师的国际化水平，但与世界一流高校的合作还不是很密切，世界一流的学术研究会议参与较少。推进教师的专业发展，提高创新力，加强学术研究是提高高校学术水平的根本条件，也是加强国际"对话"、交流的根本保障。

（2）加强国际意识、国际观念，倡导多元化、多民族化的文化结构

"吸引"与"培养"是高水平大学师资队伍国际化建设的直接方式，从流程上看，这两种方式都是单向的，单向的大学师资队伍国际化建设方式在特定的情况下是必要的，也是有效的。单向的师资流动方式索取得多，贡献得少，一味学习国外的先进教育理念、教育方法和学术思想，却不能

形成双向交流、平等对话的作用机制，具有一定的局限性，限制了师资队伍国际化的发展。所以，在高水平大学师资队伍国际化建设中，要加强国际意识、国际观念，在国际学术交流会议、国际合作项目和国际教育资源共享中寻找"对话"契机，加强培养发现问题、提出问题、贡献思想的精神，实现自我超越与创新。尊重各种文化差异、文化背景，崇尚多元化、多民族化的文化结构，增强外语应用能力，提高国外文化素养，理解国际社会，关心和包容异国文化，强调知识交叉、互融，承认真理，真正意义上接触国际文化，实现深度的跨文化对话、交流和管理，切实提升师资队伍的国际交流能力和跨文化交流水平。

（3）加强汉语国际推广，传播优秀中国文化

跨国界、跨文化是国际化的内涵，语言的多样性是跨文化的主要体现，多种文化的接触、冲撞和交融构成了国际化文化的多样化，语言本身的工具性标志着语言的输出与推广是一种标准的建立，语言的国际推广既是一个国家"硬实力"的体现，又代表着教育的国际化水平。汉语作为我国的传统文化，推动汉语对外传播，传播优秀的中华民族人文、历史文化，培养了大量汉语推广人才，促进了教师对外交流学习，提高了高校的国际化水平，加强与国外高校的交流合作，吸引更多外国学者、留学生，清除国际交流、学术探讨及项目合作的语言障碍，强调文化互动的双向交流，提高高校的国际影响力。

（4）加强与国内高校和周边国家高校的区域化建设

首先要加强与国内高校的紧密合作，提高教师的流动性，统一课程计划，统一学分转换，统一教育质量保障体系，构建资源共享平台，建设高等教育区域合作项目，整合全部资源转化成集体的力量，加速教学、科研和社会服务工作的进展，提高国际知名度。其次是要加强与周边的国家高校的紧密合作，由于历史的关系，我国与周边区域、国家在文化方面虽有一定的差异，但结构上有相似之处，只是在文化的多样性和文化背景有一定的不同。加强高等教育周边区域化的交流和合作，构建高等教

育区域化建设平台，有利于师资队伍国际化培养，推动高等教育的国际化建设。

我国高水平大学是我国建设世界一流大学的战略构想，政策上的优势，教学、科研工作的领先、学校"硬实力"和"软实力"的突出展现，高水平大学师资队伍的国际化培养占据了很大的优势，取得了一些经验，给其他高校的师资队伍国际化培养一些借鉴。

（三）积极构建师资队伍国际化培养模式

1. 培养教师全员国际化理念

纵观世界一流的高校，无一不秉承着国际化办学的理念，越是世界上顶尖的名校，教师国际化程度越高，就越能从全球化的角度出发，研究全球性的问题。对于我国的高校来说，国际化程度较高的当属北京大学和清华大学，他们能从国际视野出发来认识高等教育的改革并分析高等教育的发展趋势，从而审视高校的办学理念、发展规划和战略目标，明确自己在世界高等教育中的地位。目前，清华大学正在推行"国际化校园"的建设，为国内高校提供了经验借鉴。

要培养教师全员国际化的理念，可从以下两个方面入手：其一，要在高校内普及国际化理念，以人为本，坚持人才战略，培养具有国际视野的人才，结合中国实际国情和本校发展愿景确定国际化发展战略。高校管理者应清晰地认识到高等教育国际化的必要性和紧迫性，贯彻"引进与培养"并重的方针，密切关注世界高等教育的发展趋势。高校要加大国际化建设的宣传力度，在领导层面达成共识并推广到全校师生及广大校友，让国际化理念深入人心，从而推动国际化办学。其二，对于教师自身来说，应该多与国际上顶尖高校或研究所合作，重点研究全球热点问题，提升自己的研究水平，提高论文写作的质量：增加科研质量的贡献度。教师应积极参加各种层次的国际学术会议，担任国际知名期刊编委等来丰富自己的阅历，不断积累经验，举办有影响力的国际会议，吸引更多学者到校交流访谈，开展国际交流合作。教师要想进行国际交流，增强国际影响力，就必须精通外语。因此，教师应该不断提高自己的外语能力，不仅要提升英语阅读和写作能力，而且要重点提升口语和听力能力，这样才能扫除语言的障碍，教师的研究成果才能零距离交流。

2. 加大国际人才引进力度，优化师资结构

打破传统人才引进的常规，有计划性、有针对性引进海外优秀人才，聘请世界知名学者来校讲学、开课、从事教学科研工作是优化师资结构，快速推进师资队伍国际化发展的最直接、有效的途径。这些人才具有世界名校教学科研经验，有助于带领学校师资队伍建设走向国际化，促进国际前沿的学术理念和科研方法融入高校，提高教学团队的整体教学水平和科技研发能力，同时能帮助在校学生拓展国际化学术视野，共享国际优质高等教育资源。在引进过程中，应在大数据分析的结果指导下，根据自身层次与需求，结合高水平大学的发展要求合理引进，避免盲目引进人才，或者因自身条件等诸多因素的限制而不能为这些高层次人才提供适宜的发展平台，造成人力资源的浪费。高校应力求做到人员结构合理，学术方向互补，学科特色鲜明。

3. 注重教师的国际化培养，提高教师的学术水平

由于一些客观原因的限制，可能无法面向全球招聘一流的大师，但可以从实际出发，逐步实现自主培养，做好校内人才与引进人才的平衡衔接。目前国内也已经具备了很好的条件与能力，对于一般的学科带头人，可以立足于国内培养，但对于那些高层次人才，尤其是可以主导学科发展潮流的人才，他们需要有宽阔的学术视野和学术社交范围。针对这类人才，我们可以采用联合培养的模式，与国外一流大学建立联系，或者直接送到国外一流大学去学习，使他们在国际学术前沿领域成长，以造就更多的学术大师。鼓励中青年学术骨干出国研修，积极支持教师在国际学术机构、研究机构中任职和在国际刊物上发表文章，不断提高教师国际学术影响力及

国际化水平。加大对外交流，扩大国际影响。坚持引育并举，通过"派出去"和"引进来"的国际人才交流，可以使现有的师资队伍进行知识更新，使国内外的学术交流进行有效的信息互换，实现优势互补，提高整体的教学科研水平，形成以高层次人才为核心的高水平创新团队、教学团队，形成特色优势推动师资整体水平，加快迈向世界一流行列的步伐。

4. 构建国际交流的平台，培育国际化环境

高校应将国际化列为办学特色，构建国际合作与交流平台，全方位培育内外部国际化环境。可通过引进国外投资、共建共享教育资源、合作办学、合作项目、增强社会服务能力等措施调动外部环境，通过教师交流、发展远程教育、学术合作交流、外语教学、教材国际化、联合培养学生等途径活跃内部环境。面向全球办学，关注世界高等教育的发展趋势，与国际接轨，采用国际性的指标来评价办学水平，使教师全方位融入国际化教育环境中。

国以人立，教以人兴。高校师资队伍的国际化建设决定着高校的教育竞争力，完善创新机制引进人才、搭建平台使用人才、加强交流培养人才的师资队伍建设机制，分层次、分梯度、分学科、分类别，全力造就一支业务精湛、结构合理、特色鲜明、充满活力的国际化师资队伍，为高校的现代化发展发挥支撑、引领和服务作用。

二、优化高校教师分类管理模式

（一）高校教师分类管理的概念界定

本书所研究的高校教师分类管理是一个综合性的概念，涵盖了教育学、管理学、经济学等多个学科。从教育管理学上来讲，高校教师分类管理就是针对不同岗位、级别的高校教师，在岗位分析、岗位设置、岗位聘任、岗位考核、岗位培训、岗位退出等环节采取有针对性的差异化管理策

略，目的是推进高校教师的专业化进程，提升高校师资队伍的整体水平，更好地发挥高校教师在高校发展过程中的主力军作用。从管理学上来讲，高校教师分类管理就是实现高校教师管理从身份管理到岗位管理的转变，是深化高校教师聘任制改革，进一步落实高校人事管理制度改革的重要体现。从经济学上来讲，高校教师分类管理就是高校教师人力资源分类开发的过程，通过对高校教师岗位的类别设置和分类管理，有效提升高校教师人力资源开发水平，提升高校教师的"生产力"水平，充分发挥高校教师人力资源在高校知识创新与传承、科学研究和社会服务等方面的作用。

本书关注的高校教师分类管理主要是指相应管理主体针对不同岗位、不同级别、不同类型高校教师的分类管理，主要涉及分类聘任管理、分类调配管理、分类培训管理、分类薪酬管理、分类考核管理和分类退出管理等六个方面。就高校教师分类聘任管理来说，主要是指相应管理主体针对不同岗位、不同级别、不同类型高校教师在招聘和职称、岗位聘任等方面的管理；就高校教师分类调配来说，主要是指相应管理主体针对不同岗位、不同级别、不同类型高校教师在职位调整、人员流动方面的管理；就高校教师分类培训来说，主要是指相应管理主体针对不同岗位、不同级别、不同类型高校教师的岗前培训、国内外进修、学历教育等多种教育培训方式的管理；就高校教师分类薪酬管理来说，主要是指相应管理主体针对不同岗位、不同级别、不同类型高校教师的基本工资、奖励绩效等多种薪酬构成部分的管理；就高校教师分类考核来说，主要是指相应管理主体针对不同岗位、不同级别、不同类型高校教师的年度考核、聘期考核等各种考核评价方式和内容的管理；就高校教师分类退出管理来说，主要是指相应管理主体针对不同岗位、不同级别、不同类型高校教师的自然性退出（退休）、主动性退出（辞职）、被动性退出（辞退）等各种高校教师退出形式的管理。

（二）我国高校教师分类管理优化的具体策略

1. 建立健全高校教师分类管理制度体系

高校教师分类管理的有效实施需要完备的高校教师分类管理制度体系作为指导和保障，也只有建立健全高校教师分类管理制度体系，我国高校教师分类管理工作才能够有针对性，才能够事半功倍，取得良好的管理效果。高校教师分类管理制度体系的建立健全需要在构建科学全面的高校教师分类标准的基础上，从各个层级和方面着力。

（1）构建科学、全面的高校教师岗位分类标准

科学、全面的高校教师岗位分类标准是高校教师分类管理的基础和前提，只有依据科学、全面高校教师岗位分类标准对高校教师岗位科学分类，才能够真正实现科学的高校教师分类管理，提升高校教师分类管理效果。高等院校自身发展现状的差异和当前的分类发展战略，对于高等院校专任教师队伍建设和专任教师自身发展都提出了不同的要求。反映到高校教师岗位分类方面，就要求不同层次、不同类型的高等院校应针对自身发展现状和发展战略制定符合实际需求的高校教师岗位分类标准，无论是当前流行的"三分法""四分法""五分法"，还是其他分类标准和方法都应与院校发展实际需求相适应，应进一步提升高校教师岗位分类标准的科学性、全面性和适应性。同时，科学、全面的高校教师岗位分类标准一定是人性化的、充分关注高校教师个人发展需求的分类标准。科学、全面的高校教师岗位分类标准，一方面应充分关注高校教师性别、年龄等生理、心理发展特征，进一步彰显高校教师岗位分类对教师的人性关怀；另一方面应充分关注不同学科、不同层次、不同发展阶段的高校教师的发展需求，在高校教师岗位分类中充分关注高校教师的专业性特征，进一步提升高校教师岗位分类的科学性。

（2）构建政府、学校、社会等多方协同的制度结构

我国高校教师分类管理制度体系的构建需要各级政府、学校、社会共

同着力，多方协调。在政府层面，国家针对我国高等教育事业发展的实际需要和高校分类发展战略的现实需求，制定出台诸如高校教师分类考核、分类聘任、分类薪酬、分类退出等方面相应的高校教师分类管理法规、制度，为高校教师分类管理提供明确而全面的法律支撑。在地方层面，地方政府应遵循国家有关高校教师分类管理的相关政策规定，结合地方发展实际，进一步完善地方层面的高校教师分类管理制度。在学校层面，各个高校应结合学校发展战略和自身具备的办学水平、办学条件、教师队伍状况在遵循国家和地方相关法律法规的基础上，制定符合本校发展实际的教师分类管理制度体系。在社会层面，各个社会组织、行业协会应针对社会与高校的联系与合作，切实完善诸如高校教师校外兼职、社会服务等方面的制度规定，构建起社会层面的高校教师分类管理辅助制度体系。这样通过国家、地方、学校和社会等各个方面共同着力，构建起高校教师分类管理制度体系，可进一步明确各个方面在高校教师分类管理当中的权责，提高各方在高校教师分类管理工作中的协调性，提升高校教师分类管理工作的效率和效果。

（3）构建起全域的高校教师分类管理制度结构

我国高校教师分类管理制度体系的构建需要从高校教师分类聘任制度、分类调配制度、分类培训制度、分类薪酬制度、分类考核制度和分类退出制度等六大方面着力，构建起全域的高校教师分类管理制度结构。具体是：① 结合高校发展实际，制定能够吸引适合学校发展的人才的高校教师分类聘任制度；② 构建能够促进人才、智力良性流动的高校教师分类调化制度；③ 构建能够提升教师核心素养的高校教师分类培训制度；④ 能够体现公平的高校教师分类薪酬制度；⑤ 构建能够激发教师活力的高校教师分类考核制度；⑥ 构建能够实现教师队伍优化的高校教师分类退出制度。

2. 提升高校的教师分类管理水平

（1）扩大高校办学自主权，提升高校在教师分类管理当中的主动性

扩大高校办学自主权，需要处理好高校内外部两个层面的权责关系。一是要处理好高校与政府的权责关系。二是要处理好学校与二级学院、科研机构的权责关系，在高校教师分类管理中，涉及教师人事管理权责在校内的分配和协调问题。随着中国现代化大学制度建设、高校治理结构的不断优化与管理重心的下移，二级学院作为重要的办学实体，其治理问题已经成为高等教育理论研究和实践探索的重要课题。在高校教师分类管理上，二级学院作为重要的办学实体理应承担相应的管理责任，在教师分类聘任、分类调配、分类培训、分类考核、分类薪酬和分类退出等环节应具备相应的话语权并承担相应的责任，只有有效协调校、院两级在高校教师分类管理当中的权责关系，才能真正提升高校教师分类管理的针对性、务实性和科学性。

（2）提升高校统筹协调能力，实现高校教师分类管理的多部门协同

提升高校在教师分类管理工作中的统筹协调能力。一是应完善高校教师分类管理的统筹协调制度。应进一步明确高校在教师分类管理中的统筹协调的责任和权力，明晰高校校级层面和人力资源部等各个相关部门在高校教师分类管理中的权责和协同机制，为高校在教师分类管理工作中统筹协调功能的发挥提供坚实的制度支撑。二是应建立高校教师分类管理的统筹机构。高校教师分类管理统筹协调机构需要从校级层面着手，构建教师分类管理事务委员会，就教师分类管理工作中涉及多个部门的事务进行统筹协调，强化人力资源部、财务部、科研部、教务部等高校教师分类管理相关部门的协同性，提升高校教师分类管理工作的效率。三是应针对高校教师分类管理工作构建统一的反馈、评价机制，针对涉及多个相关部门的教师分类管理事务的处理过程和结果进行客观、全面的评价反馈，针对存在的问题和风险及时纠正，以逐步完善高校教师分类管理的

统筹协调机制。

（3）完善高校宣传机制，提升高校教师对高校教师分类管理的认同感

加大高校教师分类管理制度在高校教师群体中的宣传力度，一方面应在学校文化建设中突出教师分类管理方面的相关思想和内容，将高校教师分类管理思想通过校园文化熏陶的方式逐步渗透到高校教师群体中，使高校教师在思想上逐渐认同高校教师分类管理。另一方面，学校还应加大对高校教师分类管理相关制度的宣传力度，将关系到广大高校教师群体的教师分类管理相关制度切实传达给每一位教师，使高校教师加强对分类管理相关制度的理解和认识能力。同时，高校在具体的教师分类管理工作中也应注意相关政策的严格执行，使广大高校教师在具体的管理事务中理解和体会相关制度的思想和内容，进一步强化自身对高校教师分类管理的认识。

（4）强化高校差异化管理理念和措施，加强对高校教师的人性关怀

在高校教师分类管理中进一步关注教师差异，加强对高校教师的人性关怀，一方面，应进一步优化高校教师分类标准，将高校教师学科发展特点、年龄、生理和心理状况等充分考虑进高校教师分类标准的构建过程当中，进一步提升高校教师岗位分类的科学性、合理性和人道性，在此分类标准上的高校教师分类管理才能够真正实现其服务和保障教师成长，提升高校教师人力资源质量的目标。另一方面，在具体的高校教师分类管理事件中，应强化以人为本的服务理念，充分提高对高校教师群体的服务意识，提高高校教师分类管理工作的灵活性、主动性，使高校教师分类管理工作能够切实尊重高校教师的客观差异，保障高校教师的基本权益。

（5）构建专业化的高校教师分类管理教育职员队伍

只有将高校教师分类管理专业人员队伍建设纳入高校分类发展战略下的专业管理人员队伍建设体系当中，才能最大限度地实现人力资源共享协同，使高校教师分类管理工作能够真正地落到实处。一是应着力构建高

校教师分类管理的专业人员队伍。高校应从教师分类管理出发，统筹人事部门、财务部门、教务部门等教师管理相关行政机构，着力打造具备教师分类管理知识和能力的专业管理人员队伍，提升高校教师分类管理的专业化水平。二是应着力高校行政管理人员转变身份观念，从传统的事业编制理念中的"单位人""国家干部"等身份中走出来，确立契约观念，通过高校教育职员聘任制构建高校教育职员与学校的契约关系，实现对高校教育职员队伍的管理由身份管理到合同管理的转变，提升对高校教育职员的管理水平，并以此内推高校教师分类管理水平的提升。三是明确高校教育职员的法律身份，保障高校教育职员权力的有效行使，避免高校教育职员权力的越界。一方面，应通过制定和完善相关法律法规和大学章程，实现高校教育职员行政权力的合法化，保障高校教育职员在教师分类管理过程中行政权力的有效实施。另一方面，应在"整个社会从管理行政向服务行政转变的环境下，实现高校教育职员的服务者、支持者等角色的明确化、制度化"，保障高校教育职员在其合理的范围内履行其权责，避免权力滥用，保障高校教师分类管理的科学和有序。

3. 完善高校教师分类管理的评价与反馈机制

完善的高校教师分类管理评价与反馈机制有助于科学引导和规范高校教师分类管理工作，促进高校教师分类管理的不断优化。

（1）构建符合高校教师分类管理实际的科学评价指标体系

高校教师分类管理的评价应在具体管理实践中，根据现代人力资源管理理念及核心内容，结合高校教师分类管理岗位分类、职责匹配、差异化管理等基本原理，设置出一套符合高校教师人力资源管理特征的评价指标体系，如：高层次人才引进率、优秀教师流失率、教师分类培训完成率、教师分类考核完成率、教师分类薪酬计算的准确性和及时性、教师与学校劳动纠纷数量、教师对高校人力资源管理与服务工作的满意度等。在高校教师分类管理的评价实践中，应坚持定性评价与定量评价相结合，力求准确客观地评价高校教师分类管理成效。

（2）引进第三方评价机构

第三方独立机构的介入有利于以公证、权威的非当事人身份，根据法律、合同或标准进行评价，从而提高效率，降低风险。现代大学制度的构建需要大学内外部治理结构的改革和优化，通过完善高校管理评价机制，引入第三方评价机构可以实现真正意义上的社会参与，提高高校教师分类管理评价的效率并保障其科学性、客观性和公正性。政府和学校通过购买服务的形式，引入独立于政府、学校的第三方评价机构介入高校教师分类管理工作评价，可以有效实现管理与评价的分类，高校教师分类管理工作的成效不再由管理者进行自我评价，而是通过第三方评价机构，依据科学的评价指标体系，公正、客观地对管理工作进行评价。

（3）明确评价的对象

高校教师分类管理的评价，其对象是高校教师分类管理工作。高校教师分类管理工作的成效不仅仅是通过高校教师队伍建设情况体现出来，还包括高校教师个体的专业发展情况和高校整体的人力资源管理状况。高校教师分类管理的评价，既要考虑高校教师群体的发展，也要考虑高校教师个体的成长，更要考虑高校的整体发展。只有这样，高校教师分类管理的评价才更全面，才能够切实反映高校教师分类管理工作的实际情况，达到预期的评价效果。

（4）重视评价结果的适用

评价的目的是更好地反映工作状况，为工作的优化提供客观而全面的参考依据。国家和高校应充分重视高校教师分类管理的评价结果，从评价结果中发现问题，分析原因，优化工作。针对高校教师分类管理的评价结果，高校人事处、财务处、科研处等相关部门要及时对照检查，不断优化高校教师分类管理工作，提升高校教师分类管理工作水平。

第三节 三全育人视域下师资教育实践路径

一、教师在"三全育人"中的使命与担当

立德树人是现代教育者不可推脱的重大使命，必须贯彻落实到位，而"三全育人"是现代教育者实现立德树人使命的必由之路，亦必须予以足够的重视。教师是"三全育人"中"全员"的重要组成，在学生德智体美劳的全面发展过程中扮演着十分必要且重要的角色，担当着教学者和管理者的双重使命，在课堂教学活动、课外实践活动等诸多环节都起到了不可替代的作用。从教书育人的全程来看，教师在"三全育人"中的职责担当、管理范畴、精力投入、教学任务等，是复杂繁多的。在"三全育人"理念指导下，教师的使命更加明晰，最大程度发挥教师的教书育人使命是"三全育人"的重点所在。

"三全育人"对教师提出了新的要求。一方面，要求教师必须具备正确的育人观，教师的育人工作既包含在课堂的专业理论教学过程，又包含在学生日常学习生活的全程。不同阶段，学科课程的内容深浅程度会有所不同，德育的内容也会有所不同，随着学科知识讲授程度的加深，德育的深度也会有所增强，与此同时，学科教育与德育教育结合的方式也会有所不同。从入学开始，到最后的学业完成环节，学生的学习时间大多被学科教育占据，也就是说学科教师对学生的陪伴要远多于德育教师，所以学科教师德育教育的效果将直接影响到人才的培养成效，要全面发挥教师"三全育人"的作用，实现高质量的育人效果，教师必须具备正确的育人观念，站在系统的、全局的考虑来实施育人工作。另一方面，教师也需要具备现代化的育人理念，从课程方案设置、育人项目规划、实践合作等多元视角

出发,开展学科教育与德育教育相融合的教学计划,努力实现全过程育人。如何以无形的、持久的方式对学生思想政治观念进行合理引导、帮助其塑造正确的道德理念,这比简单的知识传授往往难得多。大多数学科教师通常会将更多的精力放在自己熟识的专业知识领域、更愿意承担起学科知识传授的育人使命,却不愿意在道德教育等育人领域多下功夫,正是因为如此,学校教育重教书、轻德育的问题长期无法解决,这一问题在学科教师群体中表现得格外明显。因此,学校也要营造良好的育人氛围、打通育人的薄弱环节,充分调动教师育人的主动性,以此提升教师的育人水平。

二、"三全育人"理念下教师使命与担当提升方案

学科教育与德育教育尚未得到充分融合,甚至出现了"两张皮"的现象,而加速二者的融合,推动"三全育人"理念的全面落实,是众多学校亟待解决的问题。教师不仅是对学生进行专业教育的主体,也是对学生实施德育的中坚力量。因此,要不断发挥学科教学在学生德育教育中的作用,不断推进德育内容在学科教学中的运用。首先,要提高学科课程的教学质量,课堂是"三全育人"的主阵地,学校应立足于育人实际,支持学科教师开阔视野、创新思维,积极开设具有鲜明德育特色又能够提高学生实践认知能力的社会科学类课程,寻求德育教育新路径。其次,学科课教师在德育方面的经验往往有所欠缺,也缺乏必要的德育教育资源,学校应当主动搭建相关平台,向学科教师最大限度地提供德育素材来源。最后,学校也应当制定适度的奖惩措施,加强对教师"三全育人"的激励,将育人指标作为衡量教师教学质量的评判标准之一,提高教师"三全育人"的主动意识。

一是构建行之有效的"三全育人"管理体系。首先,要鼓励有责任担当、有管理才能的老师积极加入立德树人的管理工作中。学校可以通过定

期考核的方式选拔一批师德师风极佳、政治素质崇高、教学效果良好、管理能力突出的教师，为其提供技能培训、专业讲座等服务，支持他们将学科课程教学活动和思想政治教学活动有机结合，承认他们在德育教育方面取得的成果与荣誉，并将这些成果与荣誉计入教师的工作业绩之中。其次，要搭建思想政治教育沟通交流平台，教师除了要关注学生学科课程的学习情况，还要关注学生的思想道德方面的变化，可以通过交流平台以一对一谈心的方式及时了解学生所感所想。最后，学校要开拓多种渠道，构建科学有效的"三全育人"管理体系，努力创造一个清正廉明、井然有序、治理有方的育人环境，优化教师育人的内容，完善课堂管理，帮助学生养成自觉自律的好习惯。

二是着力提高教师的育人水平和育人能力。"三全育人"是一项难度颇大的工作，学校应将教师育人水平和育人能力的提高作为重点，统筹安排合理规划。教书育人的责任主体有很多，但不可否认的是，教师是最为重要的力量。教师要针对所教学科的知识学习特点，结合德育内容，加大对学生德育素养的培养力度，不断提高学科课程学习中对学生德育素养的要求。教师也要充分利用自身的资源，加强与德育老师的沟通，积极探索学科教学与德育教育的融合方案，为"三全育人"的实现不懈努力。对于学校而言，要制定并不断完善"三全育人"的教师保障体系，实现多层次的保障，促进教师"三全育人"工作的积极性，提高其育人能力。学校可以通过鼓励学科教师到德育教师课堂进行学习的方式，提高其德育方面的教学能力，并加大学科教师的德育教学培训力度；要承认并尊重学科教师的育人成果，以充分激发学科教师的育人功能。

教师是"三全育人"不可或缺的主力，促进教师使命与担当的提升，是我国各学校全面贯彻"三全育人"理念的重要保障，也是我国教育走向高质量发展过程中着重需要关注的问题。作为教师，只有将立德树人作为教学的根本遵循，感知尊重学生的真正需要、充分践行育人理念、勇于为学生的未来服务，努力将自身习得的专业知识有效输出给学生，才能赢得学生的热爱和尊重，才能培养出一批德才兼备的社会建设者。

三、"三全育人"背景下教师教育实践

（一）建设协同育人的新格局

首先，根据中央的要求，高校的相关制度要完善，要进行更加全面的教育规划，建设更加完善的教育平台。高校不仅要充分发挥自身在思想政治教育中的指导作用，加强对学生的教育指导，使学生在课堂上不知不觉地将思政要素融入自己的教育中，还要建立一支专职的思想政治育人团队，特别是辅导员团队。要以"四有好老师"为目标，强化教师道德修养，坚守原则，关注教学，开展有温度的教学。在课堂中，可以传授知识，可以培养能力，可以对思政进行启发，可以对学生进行情感的关爱，开展全过程的思想政治教育，将学生的主体地位贯穿于整个教育教学中。

（二）打造个性化的教师队伍

在处理与学生有关的问题时，一定要立足现实，在对学生进行正确的指导的理念下，去相信学生，去理解学生。教师在开展网络教学的过程中，可能会遇到各种各样的问题，为了能够推动教学的正常开展，教师要对这些状况有一个准确的把握，这对解决问题、保证教学质量和学生培养质量都有很大的帮助。在开展线上教学的过程中，有些学生家中没有网络，会发生不能及时听课、不能每次都及时完成作业等现象。对于这些问题，教师要有耐心，要有敬业的态度，既要对学生进行严格的指导，又要从学生的角度出发，一个一个地去解答。例如，有些学生因为网络问题而错过交作业的截止日期，教师应该在合适的时候对作业进行调整，确保每个学生都能按时将作业提交上去，而且在批阅作业的时候，要对学生形成合理的评价，从而能够发挥对学生的激励作用，让学生感觉到教师对他们的理解和宽容，从而能够以更加积极的态度去学习。

对于学生在学习以及生活中遇到的一系列问题，教师应给予理解、重视、鼓励，并且及时地对学生展开相应的指导。思政工作不仅要形成完善的政策以及制度，还必须根据实际情况，实事求是地开展教育工作，尊重学生的思想以及选择，不断对传统教育方式进行创新，以创新性引导学生自身思政素质的提高。

（三）基于思想政治教育，培养专业精神

在进行思想政治教育的过程中，要与学生的思维模式相联系，对他们进行政治自觉和国家意识的培养，将专业的严谨与道德教育有机地联系起来，在对人才进行专业化和创造性培养的同时，也要确保在对人才进行培养的过程中，体现出社会主义指导性以及对他们进行关爱的实时和长期的效果。专职思政育人教师也应该快速地融入自己的专业及人才培养过程中去，做好自己的思政育人工作，要时刻注意学生的思想动态，要指导他们理性地应对舆情，让学生能够充分意识到现在他们所能够拥有的生活都是来之不易的，要懂得珍惜。

（四）完善网络教育，提高信息安全性

身为一名教育工作者，必须让新闻具有思想性、积极性和健康性，这样才可以在思想上对学生进行培育，在思想政治教育的每一个环节中，都要确保新闻的社会主义特性。这就需要高校的思想政治工作者对学生的思想变化进行动态的掌握，及时对学生进行正确的指导，并能分辨是非，特别要提防一些外国势力通过剪切录音、篡改照片，再加上一些歪理邪说、歪曲事实、居心叵测的煽动与攻击。这些新闻故意夸大事实，歪曲事实，煽动舆论，对青少年具有极大的欺骗和煽动作用，容易影响青少年的判断力。在此背景下，教师应作出理性的评判与筛选，并给予正确的指导。

QQ群、微信群、朋友圈等自媒体为信息的传递提供了方便，因此，在高校的思政工作中，要让这些自媒体充分地发挥正能量，使得学生在成

长的过程中能够自觉地用正确的价值观念来进行自我行为的约束。

（五）强化教师的理想信念教育

新中国成立以来，马克思"人的全面发展观"成为我们国家学校教育的一个重要组成部分。由于我们国家的社会主义教学的特点，教师在教学的过程中要不断加强思想政治建设，重视对学生正确价值观念的培养，并积极地利用正确的思想以及理论来开展思想政治教育。教师在开展思政工作的过程中，要对党的路线以及方针、政策有深入的认识，对中国近现代史有深刻的认识，要不断增强自身的政治意识，要坚持"学术上没有禁忌，课堂上要讲规矩"的原则。唯有如此，高校才能提升人才培养的质量，为社会的发展与进步培养具有较高思想素质的青年，为社会的建设与发展提供良好的基础。

（六）重视教师职业道德素养的建设

由于教师是一种特别的职业，其劳动对象是人，对于学生的身心发展而言具有十分重要的价值与意义，所以在遵循一般市民的伦理准则之外，教师的伦理准则也应符合其职业特征。教师应具备"大爱"，既要热爱自己的工作，又要对自己的学校忠心耿耿；要热爱祖国，热爱民族，要为最终实现中华民族伟大复兴而积极地开展教育工作，为社会的发展进步培养优秀的人才。教师要保持对学生的热爱，不能将他们看成是被灌输的对象，而要将他们看成是一个身体和心理都需要得到教师关爱的人，他们是国家的未来。教师对于学生的关爱应该体现在教育工作的各个环节当中，满足教育工作的现实需要，满足学生发展的需求，教师有了"大爱"，就会更好地完成其职责。

（七）培养教师的职业理想，激发教师内在发展动力

优秀的教师在艰苦的教育工作面前要有坚持不放弃、不服输的精神，要不怕辛苦，不怕孤独，不为现实的诱惑所吸引而忘记教师职业的初衷。

教师要有一个明确的事业目标,同时面对自己的职业必须具备良好的责任感以及使命感,要有远大的抱负,热爱工作,忠诚工作,愿意付出,要自觉地承担起教育教学工作的神圣任务,把培养优秀人才、发展社会主义先进文化、促进社会发展作为自己的使命,用崇高的情怀来引领学生健康成长。

通过许多杰出的教师的例子可以看出,如果教师拥有了正确的职业理念,那么他在进行教学工作的时候所能体会到更多的不是工作的艰辛,而是工作的乐趣。"师德"理念是对师者的一种崇高的道德规范,是每一位教师的价值追求,也是师者所追求的最终目的。师德理想是师者最美好的品德,它为师者树立个人发展的价值导向,是其孜孜以求的最终目的。

（八）加强教师职业技能培养，提升教师的教学水平

首先,在新的教学思想的指引下进行教学。先进的教育理念不仅能够引导教师在教育教学的过程中,更好地将学生的主体地位和教师的领导地位充分地发挥出来,进而对学生自主学习的能力和创新精神进行培养,还能够帮助教师形成正确的价值理念。其次,教师在开展教育工作的过程中需要掌握教育学以及心理学方面的知识,因为教育的目标是人,是朝气蓬勃、思维活跃、勇于探索的大学生。最后,要善于探索教育与教学的规律,不断推动与加深教育与教学的变革,充分利用现代教学手段,采用最优的方式,进行知识的灌输,启发学生的思考,让学生尽快地掌握自己所学习的学科知识与技术。

第六章　三全育人视域下高校学生管理模式创新

第一节　高校学生管理模式创新

一、高校学生管理模式创新的必要性

（一）经济社会快速发展的必然要求

随着市场经济的发展和高校扩招，高校学生管理正面临一系列的转变，如学生工作的部分管理职能正在向服务职能转变；大学生就业正在由国家分配向自主择业转变；固定学制正在向弹性学制转变；经济困难学生的资助由原来的发放助学金、困难补助向助学贷款和勤工助学转变等。这一系列转变使原来传统的学生管理理念、管理模式的问题日益凸显，难以满足市场经济条件下高校发展的要求。而目前与之相适应的新的学生管理理念和模式尚未完全形成，这就为高校的学管理带来了新的考验。

（二）信息化时代发展的必然要求

在信息化迅速发展的今天，网络的发展和普及为高校学生管理提供了新的阵地和领域，提高了工作效率，为学生管理带来了难得的机遇。但同时网络也给学生管理带来了新的问题。一是由于网络信息的丰富性和开放性特点，学生工作者在获取信息的渠道、时间、数量上与大学生相比不占明显优势；二是网络的虚拟性、隐蔽性使得网络成为有害信息的滋生地和传播地，使得大学生难以判别和抵御，有的上当受骗，还有的沉溺于网上的虚拟世界不能自拔，这就为高校的学生管理带来了新的挑战。

（三）适应我国高等教育发展的需要

高等教育的全球化给高校学生管理模式提出了更高的要求。在这种情况下，高校学生管理必然要与世界先进高校的学生管理接轨，用新的管理理念、管理体制、管理模式来适应时代发展的要求。同时，教学体制改革使学生管理面临新的变革。全国各高校普遍实施了学分制。在学分制下，学生管理打破了学年制整齐划一的教学管理模式，学生管理工作不仅局限于本专业学生，还要管理由选修课程带来的其他专业或其他学校的学生。同时，学生管理除了对学生进行教学和思想生活管理外，还需要帮助学生构造合理的学科知识结构，指导学生由定向学习变为自主选择性学习。因此，学生管理必须实现由学年制下的指令性管理向学分制下的指导性管理的转变。

高等教育从精英教育向大众化教育的转变，是一国经济发展到一定阶段的必然产物。这种转变，并不仅仅体现在大学生量的变化，而是规模、结构和性质上质的不同，学生群体的异质性程度显著增加。在这一大环境下，就要求高等教育在注重全体学生获得知识和体验的同时，更要注重学生个体发展的差异，注重发现和开发学生的闪光点，强调给学生创造一个自主发展的空间，让其充分发挥个性优势，形成独立的人格和突出的个性。但目前高校学生工作仍然沿用"以管理为主"的工作模式和忽视学生个性的培养方式，在研究学生、服务学生、尊重学生个性方面还停留在意识层面，与高等教育大众化的要求不相适应，必须加以改革。

经济全球化是当今世界发展的趋势，作为"受经济发展制约"的高等教育，在经济全球化的浪潮中必然走向国际化。高校也必须根据经济全球化的要求，调整办学思路和人才培养目标，改变教学内容和方法，改革学生工作模式。近年来，国内外高校都把学生工作的重点放在大学生人文素质教育、学生考研、就业指导、法律援助、心理健康教育、勤工助学、社区服务等方面，强调对学生的指导和服务。国内外高校学生工作的经验表明，以服务为核心的教育管理观念是学生工作得以成功开展的核心所在。特别是国外高校在尊重学生的主体作用、加强对学生的指导和服务方面有许多值得我国高校学习和借鉴的地方。因此，创新高校学生管理模式应成为发展我国高校学生工作的突破口与重点。这既是总结过去、面对现实的理性选择，更是着眼未来的现实需要。

（四）帮助大学生更好地适应社会环境

高校与社会之间的联系为大学生带来了更多发展自我、展示自我的机会，但由于社会上信息混乱，一些大学生放松警惕，出现上当受骗的情况。为此，高校应加强对学生管理模式的关注，增强大学生的安全意识，防止类似事件发生。另外，社会上的很多不良风气和言论会潜移默化地影响大学生的世界观、人生观、价值观，从而导致他们朝着不健康的方向发展。高校必须坚持预防为主的指导方针，从新的角度管理学生，增强他们的自我保护意识。所以，目前各大高校应更新教育管理理念，不断加强大学与社会之间的联系，不断创新学生的管理模式，完善高校管理制度，以帮助学生在毕业后获得足够的社会经验，更好地完成从大学到社会之间的过渡。

二、高校学生管理新型模式的职能

（一）教育职能

教育职能是高校学生管理模式的根本性职能。高校的管理目标是为社会培养出合格有用的人，高校学生管理的对象是在校大学生，教育学生是它的基本职能之一。教育包括知识教育和成长成才教育，学生管理工作所进行的教育也就是学生的成长成才教育，与教学对学生的知识教育是有明显差别的。

高校学生管理不是单纯地为了管理而管理，而是为实现国家的人才培养目标而服务的。从这个意义上讲，大学生管理的教育职能就是培养国家需要的德、智、体、美、劳全面发展的人才，管理的目的就是育人。因此，高校学生管理新型模式中的教育职能，应充分重视育人功能的发挥，突出以育人为目的和指向的管理内容。以育人为目的和指向的管理内容一方面应体现在大学生管理过程中的人力、财力、物力等资源配置的方方面面，另一方面更应体现在对大学生进行教务管理、安全管理、行为管理、群体组织管理、就业管理、资助管理等学校各部门分属管理的方方面面。这就需要在大学生管理中处理好管理与思想政治教育的关系，将大学生管理与思想政治教育有机地结合起来，自觉地遵循教育规律，重视发挥思想政治教育在帮助大学生树立正确的世界观、人生观和价值观方面的作用，实现科学管理和有效管理。

（二）管理职能

管理是一种行为，通常管理通过信息获取、决策、计划、组织、领导、控制和创新等职能的发挥来分配、协调包括人力资源在内的一切可以调用的资源，以实现单独的个人无法实现的目标。学生管理包含两个层面：一是对人的管理，即对学生个体和学生群体的管理；二是对事的管理，即对与学生相关的事务的管理。对学生的管理,主要通过教育、激励、组织等手段,让学生身心得到发展,使学生能够适应学校的学习和生活。学生管理工作的重点是对事务的管理,包括学风建设、思想政治教育、学生档案管理、学生违纪处理、突发事件处理、学生评奖评优、组织学生工作会议、制定学生工作计划等诸多方面。由于管理的内容多种多样,从活动形式上可简单归纳为学生思想品德管理、学习管理、生活管理、班级管理、学生自我管理以及学生评价等。

管理职能是高校学生管理模式的必要性职能。在高校学生管理模式中,建立健全覆盖学生日常学习生活的规章制度体系并做到依章执行是十分必要的。

（三）服务职能

服务职能是高校学生管理模式的基础性职能,主要是根据学生的个性化多样化的发展需求提供有针对性的辅导和服务。随着高等教育的发展,学生管理工作不再固守单纯的思想政治教育方式,开始借鉴西方国家高校学生事务的管理方式,即开始强调服务学生的职能。高校学生管理的核心在于服务,向学生提供满足其成长需求的各种服务,把教育与管理、服务结合起来,帮助其更好地学习、生活,从而实现全面发展。学生工作应为学生的学习与成长创造一定的条件,解决学生在学习、生活过程中遇到的实际问题,为其提供全方位的服务,将学生的需求作为工作的出发点和落脚点。

学生工作或者说学生事务包括招生、经济资助、专业选择、学生宿舍管理、健康服务、心理咨询、法律服务、权益保护和社会活动等多方面。许多学生事务管理的内容具有相似性和共存性,要重组它们的职能,形成新的服务体系。现在高校大都有以下几类服务:招生宣传与咨询（学校开放日活动）、新生入学教育、学籍管理、学习指导、社会资助、勤工助学、心理咨询、就业指导、提供活动场地等。

1. 招生咨询服务

随着高等教育体制改革不断深入,高校招生咨询已成为高校招生工作的重要环节,是高校学生工作重要的服务内容之一。高校招生咨询工作,不仅是高校服务考生的窗口,是高校推介自身的途径和联系社会的重要纽带,也是高校引导广大考生认识本校、报考本校,最终成为本校学生的重要途径。高校要利用自身资源,努力建成一个全方位、多层次、立体型的高校招生咨询体系,为全国各地有志青年报考本校提供优质服务。

2. 学生入学指导服务

学生入学指导服务主要包括向新生及其家长宣传本校本专业的教育概况,为学生适应校园生活以及利用校园教学与生活资源提供指导,帮助新生重新寻找自己的定位,使之尽快完成角色转变,适应新的学习生活环境,为圆满完成学业奠定良好的基础。对新生的入学指导还包括为新生提供一定的心理辅导、心理测试等服务。

3. 思想道德引导服务

学生工作肩负有开展思想政治教育的重要使命。我们要通过有效途径和大家喜闻乐见的形式,开展爱国主义、集体主义和社会主义教育。进行思想政治教育要尊重思想政治教育的基本规律,要采取人性化的、软性的教育手段熏陶学生、引导学生,特别要利用重大的节日和事件,对学生进行有针对性的教育。同时,要重视大学生政治素质的培养,切实提高当代大学生参与公共生活、公共管理的意识和能力,为建设社会政治文明奠定坚实的人才基础。

4. 身心健康服务

身体健康指导和心理健康教育,除定期体检外,还要给学生提供健康知识,鼓励学生积极参加有益的文体活动,在文体活动中促进身心的成长。

依托心理健康教育与咨询中心，帮助学生了解心理知识、洞察心理世界、预防心理疾病、挖掘心理潜能，从而提高心理素质，解决学生在学习和生活中遇到的各种心理问题。

5. 日常生活服务

学生不仅是受教育者，也是教育投资者和消费者。要为学生提供各种生活服务，改善生活环境，对学生社区进行物业化管理，健全社区功能，构筑集娱乐、购物、健身为一体的文化社区。我们应注重在生活上关心学生，处处从学生角度开展服务工作。如为每个学生设立校园网络账户或"一卡通"，供他们实时查看自己的注册信息，学期选课情况，每门课的成绩、学分，就餐购物消费情况等，为学生的自我规划和自我管理创造条件，充分体现学生工作"以学生为本"的教育服务理念。

6. 学习指导服务

要注重建设优良的学风和校风，提供有利于学生学习的设施和条件，创造有利于学生学习的氛围和环境，满足学生学习方面的需求；要因材施教、因人施教，当学生出现学习方面的问题时，辅导员、班主任要进行个别指导，或指定专业教师给予帮助；要通过举办学术讲座、学习竞赛以及鼓励学生通过国家英语、计算机等级考试和职业资格证书考试等形式，调动学生的学习积极性；要教育学生学会学习，学会使用学习设施，利用好图书馆，善于使用因特网等现代手段获取知识，增强学生学习的兴趣。通过成立领导机构、设立资助奖励基金、建立科研项目管理制度、开设创新课、设置素质教育学分、建立创新实验基地、举办科技竞赛、发展学术社团等手段，建立健全领导体制、管理体制、活动体制，为学生创造开展学术研究的机会和条件，培养他们的科研能力和创新创业精神。同时，组织各种形式的活动，广泛地利用社会的力量，为学生的社会实践提供宽广的舞台。

7. 权益维护服务

为维护学生的权益服务，树立依法管理、民主管理的思想，通过合法的形式，积极反映学生的心声，维护学生的正当权益，与侵害学生权益的行为做斗争，真正成为保护学生权益的代言人。

8. 就业指导服务

为学生的就业服务，帮助学生转变就业观念，通过各种形式增强学生的就业本领，开发学生的就业潜力，实现学生从人力资源向人力资本的转变。帮助学生找到能发挥自己聪明才智的职业、规划职业生涯成为服务学生的重要内容。就业指导主要是把就业安置和职业生涯规划结合起来，成立就业指导中心，具体职能包括指导学生进行自我评价、专业定向和职业定向，提供就业信息，指导学生参加实习、实践和开设就业指导课，传授求职择业技巧，推荐介绍学生参加就业与职业交流洽谈会，组织校园招聘与面试活动，指导毕业生通过多种渠道就业和为校友服务等。

9. 经济资助服务

高等教育不是义务教育，高校实行缴费上学制度，难免让一些贫困学生面临无法上学的困境，这些学生需要获取经济资助，高校学生工作应通过提供国家助学贷款、奖学金、助学金、学费减免和扩大勤工助学的途径等方式，帮助他们克服经济困难，顺利完成学业。还可以通过开设新生入学绿色通道、开辟勤工助学渠道、建立助困基金、吸纳社会救助资金、设置各类奖学金、成立助困中心等形式，为学生提供有效的经济资助服务。

10.后续发展服务

随着高等教育大众化的发展，大学生结构发生了较大的变化，社会的进步使得他们的主体意识增强，需求和个人思想行为日益多样化。尤其是高校实行学生缴费上学，学生主体地位进一步明确。学生逐渐习惯于根据其利益来评价和要求学校的各项工作，包括学生管理工作，对交往、精神和发展需要的满足等，已经成为学校能否赢得学生信赖和支持的重要因素。这种变化要求学生工作必须从学生全面发展的实际需求出发，以学生为中心，把教育、管理融入服务之中。学生的教育、管理也是服务于人才培养，帮助和促进个体全面发展的，其最终目的都是促进学生的全面发展，离开了促进学生发展这个核心目的，教育、管理就会变得没有意义。这是一切学生工作的出发点和落脚点。教育、管理、服务是手段，三者相互糅合渗透，双向互动，促进学生全面发展是核心目标。

总之，高校学生管理新型模式的三种职能中，教育是管理的前提，管理是教育的手段，服务是教育与管理的有效体现。教育、管理和服务作为手段，始终体现在学生管理工作过程之中。要把教育、管理作为服务的支持和保障，在服务的观念下实施教育和管理，根据教育要求和学生成长的需要，优化学生的学习、生活环境，为学生成才、成功创造必要的条件。通过教育、管理和服务的有效整合，发挥学生的主动性，激发学生的潜在能力，从而将教育、管理和服务最终落实到促进学生全面发展的目标上来。在学生发展理论的指导下，正确认识学生工作存在的问题，处理好教育、管理、服务与学生发展之间的关系，已经成为高校学生管理变革的突破口。

三、推行精致化管理新模式

精致化管理是当前管理科学领域的一个重要思想，针对学生管理的复杂性，提出精致化管理有助于提高学生管理的整体质量，同时也是改善和提升学生管理工作效果的一项重要手段，为创新学生管理工作提供了重要思路。

精致化管理起源于日本，是一种企业管理的理念。它主张最大限度地减少管理所占用的资源和降低管理成本。这一思想已经广泛应用于很多管理学的领域。它在常规管理的基础上，更加强调管理内容的细节化和精细化。在提升组织整体执行能力的过程中，精致化管理是一项十分重要的手段，其实质就是将任务具体化和精细化，它是一种对战略和目标分解细化和落实的过程。在精致化管理中，组织的战略规划被贯彻落实到了管理过程中的每一个细微的环节，并且让每个环节都发挥作用。

精致化意味着精益求精。高校学生工作精致化管理就是要运用精致化理论，将高校学生管理做细。具体来说，就是能够了解每一名学生的状态，激发每位学生的潜能，使每位学生都能够找到适合自己发展的道路。要做到这一点非常不容易，因为高校学生的特点之一就是具有多样性。要做到精致化管理，需要在大学生培养的所有环节中都做到细致入微，这需要全员的参与，包括学生管理工作人员和任课教师。精致化管理是一种高度，体现在大学生培养教育的每个细节当中。

精致化管理是学生管理模式的创新。它强调学生管理工作的可持续发展，对学生和教师都提出了更高的要求，需要师生的密切配合和共同努力，从细节着眼，最终实现整体的共赢，是适应新时代要求的管理模式。高校学生精致化管理充分体现了当代高等教育改革的重要发展趋势。与以往的管理模式不同，精致化管理强调学生个性的发展，承认学生的差异性并致力于满足每一位学生的要求。

相比于传统死板的管理模式，精致化管理能够极大地调动学生的积极性和内驱力，使学生具备较强的创新能力和社会适应能力。高校学生精致化管理的最大特点在于它充分借鉴了科学管理模式，不是单方面地趋向于某一种管理方式，是注重个体差异的，强调以人为本。现在的大学生多为"00后"，与以往的大学生相比，由于他们可以接触到的信息量更大，他们的思想也更加多元化，即便是同龄的学生，即便生活与成长的环境相似，其世界观、人生观和价值观也可能迥然不同，这就给学生管理工作带来了很大的困难。以往一刀切的传统模式，如果用在现在的大学生身上，势必会遏制一部分学生个性的发展。运用精致化管理的理念，可以引导大学生追求正确的价值观，促进学生自我发展、自我服务和自我完善。

精致化学生工作管理模式需要着力坚持"以人为本"的学生管理理念，是"以人为本"理念在高校学生管理中的生动体现，它要求做到"一切为了学生、为了一切学生、为了学生的一切"，把学生放在最重要的位置上。学校的根本任务是培养对祖国、对社会有用的人才，就是培养综合素质过硬的学生，因此不管是学校的什么工作，都要以学生的培养工作为中心。要贯彻落实精致化管理，需要科学制定精致化学生管理制度，保证在整个执行的过程中做到有章可循，有章可依。

要做到制度精致、准确，针对学生管理工作中可能出现的情况做好预判，力求保证管理过程井然有序，依靠制度来管理和约束学生。

精致化管理具有特殊性，在落实精致化管理时，要加强人员队伍建设，这包括学生管理人员队伍建设和学生干部队伍建设。要充分发挥辅导员和学生干部的作用，切实了解每一位学生的情况，包括其家庭条件、行为习惯、学习能力、经济状况、个人素质、个人特长、情感状况、心理状态等，并且针对学生的具体情况进行分析，找出适合学生个体发展的合理途径，并且对他们今后的发展开展必要的跟踪调查。这个工作量非常巨大，因此需要培养有力的学生干部队伍来辅助辅导员和学生管理工作人员来做工作。

第二节　高校学生管理的创新路径选择

一、高校学生管理制度化创新

制度伦理化和伦理制度化都属制度伦理研究的范畴。制度伦理化是指社会体制的道德性，表现为内在于一定体制的制度、法律、法规、政策、条例等所分配权利和义务的公平性和合理性；伦理制度化是指人们把一定社会的伦理原则和道德要求提升，规定为制度，并强调伦理的制度化、规范化和法律化。无论是制度的伦理化还是伦理的制度化，对建立当代高校学生管理制度体系都具有理论意义和指导意义。

制度伦理化与伦理制度化是密切制度与伦理之间关系的两种不同思维，前者重在对制度本身进行道德上的评判和矫正，通过内容的建构促使伦理原则和道德观念在制度中渗透与落实；后者强调将某种社会倡导、公众认可的道德规范转变成具有强制效力的制度。两者在管理秩序的重整与道德建设中发挥着各自不同的功能。在构建人本化高校学生管理过程中，制度的伦理化更应当成为制度优化、创新的首要选择。制度应该伦理化，不合乎伦理的制度是没有生命力的；同时，伦理也应该制度化，符合人们广泛认同的道德标准和审美取向的伦理通过制度化以后，更有利于发挥其作用。

高校的责任和义务就是帮助学生实现全面发展。现行的高校学生管理在理念和应用中，都不同程度地违背甚至超越了蕴含在高校学生管理中的伦理，而符合伦理的却还未形成制度。当前，高校正处于全面改革的阶段，在高校学生管理制度创新的过程中要坚持制度伦理化、伦理制度化的"两手抓"。对不符合伦理规范的制度进行调整，补充符合伦理规范的新制度，这本身就是一种重要的创新。

（一）融入文化管理机制

高校学生管理制度是一种相对"刚性"的管理方法，主要通过学校相关规章制度、行为规范等外在的约束、监督及奖惩手段实现对学生的约束和管理。这种硬性的约束管理对高校的"文化人"显然是不适用的，高校学生管理更应致力于创造一种文化精神和群体精神，高校学生管理要准确把握大学的本质、使命和责任，发挥大学文化的导向、调节、凝聚、激励与塑造功能，促使大学师生从内心接受和认可学校的教育理念及价值观，将高校学生管理制度转化为师生组织群体所认可的管理理念。高校的群体价值观和组织文化是学生事务管理的灵魂，在高校学生管理的具体过程中发挥文化的柔性作用，引导学生积极参与到高校学生管理中，缩小高校学生管理的总体教育管理及服务水平与学生和社会对"高等教育质量"要求和期望之间的距离，促进学生事务管理实现质的飞越。

在高校学生管理的实践中，全面提高学生的自我约束能力和理性自主能力是高校管理永恒的追求。人类的基本行为是由文化来决定的，由于文化的变化很大，所以对人性唯一正确的判断是它的可塑性很大。人与文化的关系是密不可分的，文化可以塑造人、引导人、管理人。高校人本化学生管理就是要突出学生在学习和生活中的主动性、主体性和自觉意识，高校管理文化包含育人理念、学术发展空间、办学特色等要素，每一种文化的形成都是多种文化主体互相协调、作用的结果。高校人本化学生管理最重要的目的是唤起学生的文化自觉性，用优秀的文化潜移默化地影响学生的行为，最终形成文化管理。以文化来取代制度，当然不是取消制度，而是制度要人文化，具有人文色彩，充满以人为本的文化温情。因此，高校学生管理制度应该与人文精神、价值观念、行为准则和道德规范融为一体，得到学生对高校的管理理念和管理价值取向的高度认同，提升学生的使命感、责任感与荣誉感。刚性的制度管理是文化管理的重要支撑，文化管理使制度管理得到升华。

第一，培育大学精神，发扬主流价值观。让良好的校风深刻地植入师生的身心中，学风时刻萦绕在师生的校园学习活动中，教风真正贯彻到每一位教师的教学活动中。所谓"蓬生麻中，不扶则直"，高校要培育具有时代性和独特个性的大学精神，形成具有自身特色的、适应高等教育发展方向的校风、学风和教风，引导和规范学生事务管理人员的思想和行为。

第二，高校要优化包含校园一草一物的物质形态及舒畅的人际氛围在内的校园环境。校园环境不单是物质意义上的存在，更富有环境育人的深刻价值。

健康、向上、丰富的校园环境为高校学生管理者提供了既育人又育己的优良文化环境。

第三，充分发挥高校学生管理在"文化化人"方面所发挥的载体作用。通过一系列的管理活动把大学文化内化为高校学生个体的文化认知和价值观念；采用独特的学生管理方式，促进学生的文化认同，培养学生自觉地进行文化模式及学习方式的探索、创新，在学生事务管理中培养人、完善人，促进个体的社会化和个性化。

（二）建立柔性化管理机制

柔性管理理论来源于 20 世纪 50 年代兴起的现代管理科学，是其行为科学流派倡导的以人为中心的理念的发展，属于欧美现代经济管理科学的概念之一。

柔性管理以柔的原则和软的控制为特点，它遵循的是人的心理和行为规律。实施柔性管理绝不能一蹴而就，仅仅凭借制定几条纪律、制度和规定是不可能实现的。比起刚性管理，柔性管理更讲求人文性，所以也被叫作人性化管理。柔性管理是和刚性管理相对而言的，实施它的前提是遵循人的心理与行为规律，它的核心是非强制，工作途径不是通过外力强制约束，而是设法说服管理对象，把组织意志变成被管理对象的自觉行为。柔性管理一直以人的心理和行为规律为基础，旨在唤醒人的潜力、创造性和主动性，让人的尊严和价值得以彰显，满足被管理者的社会需求、心理需求和价值需求，最终要实现的目标是人的自觉行动。

社会的进步与人类文明的发展催生了柔性管理模式。这一模式让现有管理模式的积极成果得以继承，排除了其重大缺陷，是中西管理理念的融合，能够激发人类全部的管理潜质。这一管理模式对管理实践中的所有文化要素、伦理道德以及其他柔性特征都进行了研究，它深化了人们对现代管理活动（包括实践与认知）的认识，发现了现代管理活动的本质。柔性管理的特点是彰显管理中的人文性，实施的是伦理管理模式，与以工具理性为特征的企业文化和伦理相比，柔性管理更胜一筹。企业文化是刚性管理的范畴，也是功利论的一部分，其前提是提高生产效率和效益；柔性管理则强调价值理性，约束工具理性，凸显企业文化的特质，它顺应了人类全面发展的要求。这一管理模式的导向是伦理精神，原则是柔的运用，强调对人要尊重、理解和关心，注重社会秩序的维护，以创造自由、和谐空间为目标。柔性管理来自管理伦理和企业文化。

柔性管理是根据企业管理的需要应运而生的，它在适应管理实践的需要和管理对象的变化中成长与壮大。在当代社会，互联网异军突起，成为"另类的沟通渠道"，对经济、政治和社会等方面产生了巨大而深远的影响，同时也方便了大学生在网络空间里自由交流、了解社会与自然、构建自我与他者的新型关系。这一虚拟世界没有强有力的约束机制和有效的评价体系，蜂拥而来的信息必然影响和左右着大学生的道德观、价值观和行为模式。每一个大学生都是独立的个体，其思维方式、心理构成、价值观和情感世界都各不相同。所以客观上要求柔性管理能够针对他们的精神、思想、心理和行为等方面的差别，运用多样化的管理方法。

柔性管理过程表现出稳定性和动态性相统一的特点。其一，社会经济的发展总是在影响和改变着管理对象的思想、心理和行为。所以管理方法也要随着客观情况的变化不断进行调整，以适应管理对象的内心变化，满足他们的内在需求。管理方法和策略不落后于时代，柔性管理的动态性特征由此而来。其二，管理工作的实施要求保持相对稳定的管理团队、管理机构和管理模式，这就是柔性管理的稳定性特点。

柔性管理围绕着人来进行，关注人的心理、情感、价值观，作用于人的行为和外在表现等。运用柔性管理模式管理大学生，目的是创建优良的教育管理生态，打造健康阳光的校园人文环境，营造美好的校园学习和生活环境，激发学生的学习积极性，让组织意志成为他们的自觉行为。这样就会在管理效果上体现出明显的塑造特征。

传统的高校学生管理理念强调的是对大学生的思想和行为进行严格的规范，强制性特征明显，学生管理部门和管理者往往对学生采取"压"这种硬管理的方式，直接导致管理者和被管理者在情绪方面的对立。

（三）建立制度反馈机制

及时做好学生意见的处理工作，是新时期学生管理制度改革所面临的重要任务。高校要建立健全有效的学生管理制度反馈机制，学生意见的反馈直接关系到学生管理制度的合理性、执行力与落实情况。学生与管理者之间相互表达自己的想法，有利于达成共识并形成共同的愿景。

学校应该设立学生管理制度反馈部门，收集学生的意见，高校各职能部门将收集的信息进行分析整理，研究并制定改革方案。同时，要做到反馈及时化、经常化、规范化。学校要向学生公开学校工作计划、进程等相关内容，学生应享有对高校各个职能部门的监督权。高校要从人本化的角度对学生权利制度进行完善和重构。

二、高校学生管理自我化创新

以学生为本，引导学生实现自我管理，推进大学生管理的创新。没有管理的教育和没有教育的管理都是软弱无力的。教育离不开管理，管理是为了教育。这就是以人为本的大学管理工作的全新辩证法。正是因为大学生管理工作与人才培养的这种特殊关系，大学生管理创新的路径有别于一般管理工作。它客观上要求用全新的管理理念作为指导。理念是反映对象深层次本质和规律的观念。教育理念是关于教育基本问题的深层次本质和规律的观念，具有理想性、持续性、统合性和范式性。新时期的大学生管理理念要契合科学发展观的价值尺度，追求以人为本的管理。

以人为本的实质就是尊重学生的发展特点和规律,尊重学生的人格个性,创建学生思想政治教育的良好环境,建构和谐的师生关系,培养素质全面、个性突出的创新人才;其关键是要正确发挥学生的主体性,尊重学生的需求,使思想政治教育活动忠实于教育本身的内涵,根据不同的学生施以不同的教育,使学生的潜能得到充分发挥,形成一种积极向上的内在力量。开展大学生管理工作不是管理人、约束人、控制人,而是创造条件培养人,通过有效的培养发展人。

在这种方式中,学生本身既是管理者,又是被管理者,学生在这种角色转换中大大提高了自我管理的积极性,特别是增强了学生的自我约束、自我管制能力,在学习知识的同时锻炼了自己,既"学到了知识",又"学会了做人",增强了学生的主体意识和责任感。

(一)构建以学生会、社团为主体的自我管理模式

学生会是学生自我管理的最高组织,学生会干部是学生进行自我管理的主体。在学生管理体系的建设中我们可以增加一些部门,赋予一些部门新的工作内涵,扩大学生的覆盖面,使其深入学生日常的各项自我管理中。有目的、有计划地建设一批以理论学习型社团为龙头,以科技创新型、文化艺术型、社会公益型社团为主体的校级骨干社团,如习近平新时代中国特色社会主义思想研究会、青年志愿者协会、学生科技协会、学生艺术团、学生心理健康协会、自强社等,并以这些校级社团为"旗舰",通过建立学院分会、年级分会,形成门类齐全、种类多样的学生社团"航母"编队。让所有学生根据自己的兴趣爱好、发展需要参加到社团中来,进行知识学习、人际交流、自我激励。

(二)构建以学生社区为主体的自我管理模式

在学校大学生社区自我管理委员会的基础上,形成寝室、楼层、公寓、社区、党支部、服务队多位一体的社区自我管理模式。每个学生寝室设寝

室长，每层楼设层长，每幢楼设楼长，每个社区设区长，与公寓学生社区党支部设置相结合，组建直接面向公寓开展活动的学生社团组织——特色服务队。在公寓区逐步建立各类文化、咨询、服务机构，面向学生提供生活、心理、卫生、学习等方面的各类服务，把思想政治工作与帮助学生排忧解难结合起来，开展以公寓为基地的自我管理活动。

传统的观点中，作为第一课堂的显性延伸的学生生活区是指宿舍、食堂等，即为学生提供课外住宿、饮食、学习和交往的空间。但随着高校改革的不断深入，学生生活区向学生社区方向日渐扩大。不仅传统中的地域和活动主体成为构成要素，相应的文化也是重要组成部分。商业服务网点、文化活动场所等不断丰富着学生社区的内容。学生社区是校园微型社会的反映，带有鲜明的时代特征，具有独特性、多元性、继承性和创新性。学生社区是集中体现高校学生的主流思想、价值观念和行为方式的地方。改革学生社区管理的实践模式，便于学校无缝衔接第一课堂和第二课堂。学生社区功能多样，学生除了上课时间之外多数活跃在社区，其除了提供基本的生活住宿功能，也是学生学习的重要场所之一。

（三）构建以党团组织为主体的自我管理模式

以班级、学生宿舍和网络为阵地，以党支部、团支部为学生基层组织，实行校、院系、班级三级管理的运行模式。通过塑造点（个体）、线（基层党、团支部）、面（整体）的形象并进行整合，贴近学生、贴近实际、贴近生活。开展党员形象工程，在师生中叫响"树一面旗帜、建一个阵地、办一些实事、献一片爱心、带一批同学"的口号。建立学生社区党支部、网络党支部，把为学生服务从课堂内拓展到学生生活的社区和网络中。依托党团组织，以党建带团建，充分发挥学生党员的模范带头和辐射作用。

（四）构建以网络虚拟社区为主体的自我管理模式

以学校 BBS、各院系网站、特色网站为平台，构建大学生网络虚拟社区自我管理模式。把 BBS 和各种网站作为先进文化传播的重要载体，通过学生自行开发、自我管理以及自我教育，提高网络思想政治教育的针对性和有效性。建立心理咨询网站、理论学习网站、职业生涯规划网站等，成立网络文明协会、网络信息协会，制定"虚拟社区管理条例"，建立例会制度、培训制度、奖惩制度等，充分调动学生干部、协会成员和网络管理者的积极性，发挥他们的引领作用，培养大学生的创新和实践能力，增强大学生的参与意识。

三、高校学生管理个性化创新

高校学生群体多样化已经成为高校最主要的特征之一，集中体现在每个学生成长环境的差异、发展需求上的差异等方面。在高校学生管理中要正确把握其共性和个性，特别是针对特殊学生群体的政策应当进一步完善，因为这些群体成员容易焦虑和自卑，不愿和同学相处，甚至极易受到高校环境中负面因素的影响并产生悲观、绝望、无助等心理。高校应全面开展大学生特殊群体普查工作，了解和掌握他们的真实情况，在加大日常管理力度的同时，还要特别注重以下几个方面。

（一）更新高校学生思想政治教育的内容和体系

传统的高校学生思想政治教育还存在着少数人对教育的认识不到位，教育的针对性不足，资金投入不够，政治理论课的时效性不强、感染力不够等问题。部分高校认为评定学生培养质量的唯一标准就是学生的学习成绩，这一观念严重制约了学生的全面发展。人本化高校学生管理要求高校必须把思想政治教育摆在各项工作的首位，贯穿在高校育人的全过程。高校应帮助特殊学生群体树立正确的世界观、人生观、价值观，树立崇高的理想和道德追求，特别是要提高高校学生辨别是非的能力、面对挫折和逆境的能力，使其学会正确地对待和处理学习和生活中出现的实际问题，学会融入环境实现自身的发展。

（二）健全高校学生心理疏导工作机制

高校学生中的特殊群体往往是心理问题多发的群体。当面对理想和现实的差距时，或多或少会出现失望、焦虑等负面情绪。如果自我调节无法消除这些负面情绪就容易发展为心理问题。因此，高校学生的心理疏导工作必须立足于帮助学生解决实际、现实的困难，消除学生心理的困惑，使其心理和人格向健康的方向发展。

高校一方面应当建立完善的心理咨询机构，并且让这种咨询机构流动起来，游走于高校学生特别是特殊学生群体之间，主动靠上去做工作。

应当对教师、学生管理者甚至是学生干部开展广泛的心理疏导相关培训，把心理疏导能力作为衡量高校学生工作者能力的重要指标。最主要的是要形成常态化的与学生交心、谈心制度，及时了解学生的真实情况和想法。尊重每个学生的个性思想，促进学生全面发展，做好心理疏导工作。

（三）创造良好的人际交往氛围

每所高校都有自己独特的文化和环境，人际交往氛围是由学生群体创造的，也影响着每一个高校的在校大学生。和谐、友爱、平等的人际交往氛围，不仅能陶冶学生的情操，开阔学生的胸怀，而且能消除或缓和人际交往上的矛盾。高校必须从思想上宣扬主旋律，把提高学生的道德水平作为基础，营造互帮互助、民主平等、宽以待人的人际交往氛围，消除学生群体之间的隔阂，消除特殊学生群体的孤立感。

四、高校学生管理专业化创新

（一）学科建设——学生专业化管理的前提

一种职业或一项工作要实现专业化，必须有专业的知识技能做支撑，有一定的学科依托以确立专业地位。而目前我国高校已经开设的思想政治教育专业，在培养目标和内容上与学生事务专业口径不一致也无法满足实践需要，加强学科专业建设迫在眉睫。如将学生事务管理专业设为高等教育学的二级学科，并根据不同的专业方向与岗位要求开设学生事务管理、学生事务管理培训、学生发展研究等相关专业，并根据实践要求合理设置培养方案和教学课程；在教育心理学、人力资源管理等与学生事务或发展相关的二级学科下根据实际需要增设学生心理咨询、职业规划与管理等偏重具体实践的相关专业，从而推动专业学科发展与工作实践的整合，进而建立属于学生工作领域的专业学科体系并确立其专业地位，为辅导员的专业发展提供坚实基础。

没有专门的学科知识体系，学生工作专业化就成了"无源之水，无本之木"。思想政治教育专业中的理论知识，特别是大学生思想政治教育，当然是学生工作学科内容的一部分。但是，尽管学生工作和思想政治教育的工作目标一致，在专业属性上，思想政治教育却不能完全替代学生工作。因为，学生工作的内涵不仅只是思想政治教育。这一点，我国高等教育界应该认可，否则学生工作就不可能真正实现学科化。

设置学生工作学科，一方面可以为我国学生工作源源不断地培养和输送人才，为学生工作队伍建设"质"和"量"的提高创造条件；另一方面，也可以为学生工作的研究者和实践者提供学术研究探讨和继续教育的平台，推动学生工作的理论研究，提高整体的学术水平。

（二）队伍建设——学生专业化管理的关键

专业化的队伍除了专业的学科体系支撑，更离不开专业化的教育培训。除了依托专业学科的正式教育之外，各类教育培训更是辅导员入职后可以促进其专业发展的重要渠道，对辅导员的培训要以教育部举办的全国辅导员骨干示范培训为龙头，以辅导员培训基地和研修基地举办的培训为重点，以高校举办的日常培训为基础，逐步构建分层次的培训体系并形成制度。在确保培训时间、频次、方向的基础上，还应该按照学生工作的实际开展有针对性的专业培训，侧重实际操作与实践经验，并以多样化培训形式满足多变的学生工作的实际需要，力争做到通识型与专业发展型培训相结合、普及型与层级性培训相结合，学习交流型与探究性培训相结合，从而达到正式教育与非正式教育的统一，推动辅导员专业素养与职业能力的不断提升。

我们必须相信，学生工作是一门学科，因此不是任何大学、任何专业的毕业生都能胜任学生工作的。学生事务管理岗是自成专业体系的一个高度专业化的岗位。学生事务管理的专业化程度直接影响工作的开展成效。因此，建设一支高素质、专业化的学生事务管理人员队伍，是保证新时期高校稳定的重要因素。

加强管理队伍建设，推进大学生管理创新。加强学生管理人员队伍建设是确保管理工作顺利开展的重要保障。随着新时期社会形势的变化，高校学生工作也发生了许多变化。学生工作的一些职能弱化了，一些职能则强化了。学生工作由过去重管理向现在的重教育、咨询、服务转化。心理健康教育、经济困难学生资助、助学贷款、就业指导等学生工作职能只有得到强化才能适应形势需要。同时，大学生群体的思想问题和实际问题也更加复杂化、多样化，这就需要管理者凭借智慧、知识和技能形成"专家化"的本领。

从大学生管理工作的发展趋势来看，高校学生管理人员队伍必须走专业化道路。当前的大学生管理者虽然在政治素养、敬业精神、个人品德上是合格的，但在解决实际问题的能力和本领上还与现实要求有较大差距，在不同程度上存在着"本领恐慌"。有一些高校管理工作者带着固有的陈旧观念和思维定式面对学生，不了解，也不理解当代学生与以往迥然有别的内心世界和真实想法，甚至在语境上都难以与学生沟通，形成了代沟和隔膜。还有一些高校管理工作者虽充满热情，但缺乏相关的专业知识，甚至在信息的获取和熟悉上还不及学生，难以对学生进行真正有效的指导。

显而易见，"本领恐慌"状态下与学生产生的隔膜，解决不了学生面对的实际困难，也解决不了学生的思想问题。因此，需要有专职从事学生管理工作的人，通过专业方式担当起新时期学生管理工作的重任，以工作的专业化带动队伍的专家化。要超常规选拔人才，高起点聚合精英，广纳贤才，培育一支数量足、素质高、业务精、能力强的专业化学生管理人员队伍。

五、高校学生管理信息化创新

高校学生管理信息化是指在高等学校学生事务管理的过程中，借助丰富的信息资源和高超的技术手段，对学生事务管理的信息进行及时的处理和共享，借以改进管理组织结构，改善管理运行机制，使得学生管理工作在便利性、高效性、科学性方面都得到极大的提升。

21 世纪是信息化的时代，网络技术的快速发展让当今世界变成了一个小小的地球村，信息化已经成为各个行业不可避免的趋势，在教育行业自然也不例外，教育信息化已成为世界各国教育改革的重点，学校是否建立了校园网站，或校园网站所提供的信息类型和服务项目是否产生，甚至校园网站本身设计技术的优劣、网页界面的美观与否，已然成为衡量一所学校校园信息化程度和社会声誉的一个重要标志。高校学生管理信息化也将成为我国高校学生管理体系中不可缺少的重要组成部分。

未来我国高校学生管理必将通过信息化建设，建立起学生管理信息平台，包括教学文件管理、教学计划管理、招生管理、选课管理、学习成绩管理、课程编排、教室调度、考试管理、教材管理、教学评估、课程评估、毕业分配、档案管理等子系统，覆盖学生管理的所有领域，为实现对学生事务管理工作的整体监督提供强有力的信息支持。

运用网络实行信息化管理，推进大学生管理的创新。在创新管理方式、方法和手段的过程中，要注重运用网络实行信息化管理，充分利用现代科学技术手段，针对不同时期大学生管理的新情况和新趋势，开发管理平台，整合管理资源，实现网络化、数字化管理。通过网络实现信息化管理，能够使管理方式变封闭式管理为开放式管理，进一步加强了管理与思想政治教育的融合。同时，通过网络实现信息化管理，也是促使大学生管理变单一管理为综合管理，把管理与服务紧密结合起来，以服务促管理的有效途径。在管理方法创新方面，要充分发挥网络虚拟互动平台的作用，实现师生的有效互动，变说教为参与、变灌输为交流、变命令为引导，创造学生主动参与的全新工作局面。

第三节　三全育人视域下高校学生管理模式创新探析

一、三全育人视域下高校学生管理模式创新

（一）全员参与，形成三全育人管理合力

1. 强化师德师风建设，保证育人主体以身作则

加强师德师风建设，培养高素质教师队伍，弘扬尊师重教社会风尚。为了保证三全育人管理效果，高校应当立足于教师主体，稳步推进三全育人高校学生管理工作。具体而言，可从以下两方面做好保障：第一，要求全体教师以身作则；第二，完善高校师德师风制度。

（1）要求全体教师以身作则

高校聚焦教师团体，首先正确引导教师站在正确的政治立场上，做到以身作则。在此过程中，高校可着重通过岗前培训、政治理论课学习、个

别谈话等方式帮助教师拔高自身思想觉悟高度,在岗前培训中可引导教师熟悉教学环境,理解高等教育、高校教师存在的意义和价值,而通过政治理论课学习则可帮助教师坚定政治立场,而通过个别谈话则可帮助教师做好自查,审视自身。

（2）完善高校师德师风制度

良好的师德师风是优秀高校教师所必备的素质,而师德师风制度则是对教师进行行为约束的规范。首先,高校可完善师德师风准入制度,对每年进入高校工作的教师进行严格考评,人事部门需要制定严格的政治素养关卡,加强对准入教师的思想政治觉悟审查,例如通过多方面走访、教师学术品性调查等方式对准入人员进行评估,最终择优录用;其次,高校可针对校内教会建立师德师风考评制度,在此过程中要将师德师风作为教师职称评定、岗位定级、年终考核的首要依据,并且实行一票否决制。

2. 鼓励传承优良家风,发挥家庭教育功能作用

家风对学生的成长成才的重要性不言而喻,优良的家风对学生的思想政治、道德品质、人格塑造、价值观念等有着重要影响,而对高校学生管理工作也能发挥强有力的推动作用。在三全育人视域下,高校学生管理工作应当聚焦家庭教育,从以下两方面入手实践:第一,引导家庭树立民主平等的教育观念;第二,引导家长注重自身人格形象。

（1）引导树立民主平等的教育观念

平等民主的家庭教育观是优良家风的主要表现,家长能够民主、平等地对待孩子,孩子才能够从内心认同和接受家长的教育。然而在传统的中国家庭教育模式当中,部分家长注重"权威型"家庭教育观,即"家长是家长,孩子是孩子",双方处于不对等的地位当中。同时在教育过程中,部分家长忽视对孩子德育教育的重要性,出现"重智轻德"的问题。基于此,高校学生管理者应当积极扭转此类错误观念,例如通过微信公众号、

报刊等新传媒体平台向家长发送有关民主平等教育观的新闻或视频,同时在寒暑假等节假日可布置相应家庭教育活动,鼓励家长参与大学生管理工作当中，从而塑造民主、平等的家庭教育观念。

（2）引导家长注重自身人格形象

家庭教育作为贯穿学生管理工作的主要教育途径,家长也是"扣好第一粒扣子"的主要载体。在家庭教育过程中,父母自身的人格形象对学生产生潜移默化的影响,所以高校学生管理工作应当聚焦家长人格形象要求家长做好人格榜样示范,例如在寒暑假等节假日期间,可鼓励学生前往家长工作所在地,参观家长工作环境,对家长的工作伙伴进行调查了解,听他人口述家长的工作能力,从而帮助家长树立光辉伟岸的形象,对学生的心灵进行洗涤。

（二）全程跟进，强化三全育人阶段衔接

1. 推动入校前管理工作衔接

随着学生高中教育阶段学习的结束,象征着高等教育阶段学习的开始,由于教育工作层次不一,所以高等教育系统和中等教育系统的学生管理方式、管理内容也存在迥异。而以提高高校学生管理质量,高校学生管理应当做好"承上启下"的衔接工作。具体而言,可从入学前学生管理、入学时学生管理入手创新。

（1）入学前学生管理

入学前,高校招生部门统计入学学生名单后,完成专业、班级分配后,将名单交由辅导员,由辅导员根据所在系别选定入学前阅读书籍,要求学生对照书目内容完成阅读,并明确入学考核形式,强化学生的自主学习、自我教育和自我管理意识。以会计与金融管理院系为例,辅导员可细化专业,拟定财务管理、会计学、金融综合性等类别书籍,并对应专业学生发放书目清单,要求学生入学前完成阅读。

（2）入学时学生管理

在入学初期，高校学生管理应当以专业认知和适应大学生活为重点开展学习规划教育、心理健康教育、学习习惯培养等。基于此四大板块内容，高校学生管理者应当针对不同类别开展不同主题教育，例如针对学习规划教育，可要求学生在入学前完成《大学生学习规划报告》，在报告中对自身优势特长、劣势不足进行分析，并分阶段制定学习计划和成长计划；针对心理健康教育，教师则可开展"阳光萌新·幸福启航"的心理健康教育讲座，帮助大学生正确认识大学生活；针对学习习惯培养，则可开展"好习惯改变一生"的专题讲座，为学生传输正确的学习习惯、生活习惯、自我管理习惯等。

2. 确保在校间管理阶段衔接

大二、大三是高校学生管理的黄金时期，也是培养学生德才兼备品质的关键时期，此时高校学生管理工作应当聚焦学生的专业，培养学生专业兴趣、特长技能，同时以专业课为引领，通过道德实践活动、社会实践活动以及榜样辐射带动作用帮助学生正确认识社会。具体而言，可以从以下两方面创新实施：

（1）抓好学科联合

在三全育人视域下，高校针对"在校期间"这一阶段应当做好教学育人管理工作，而思政教育作为教学育人首要工作，高校应当立足于思政教育，做好思政教育与其他专业课程联合，打造"大思政"教育格局。然而受到高校思政课程设置的限制，思政教育出现"断层""割裂"的问题，所以高校应当聚焦学生管理，根据需求增设思政必修课程、思政选修课程、思政专题讲座，打造以必修为主线，联合选修、讲座的思政教育完整链。

（2）鼓励学生实践

在校期间学生的实践活动可包含社团活动、学生会活动等，而社团和学生会均是在高校严格监督和审批下自发建立，以丰富大学生活，构建友谊高墙，促进情感交流为目标的学生团体。在高校学生管理工作中，高校应当积极鼓励和支持学生开展各类活动，以学生工作部门、团委及基层党建部门牵头，组建学生组织，并鼓励用周末时间开展学习类、公益性类等活动，例如在学习类活动中可开展主题性辩论活动，而在公益性类活动中则可开展养老院慰问、社区活动服务等活动，帮助学生在活动中感受学校的关爱，建立互敬互爱的管理氛围。

3. 加强离校后管理工作衔接

学生毕业并不意味着高校学生管理工作的结束，在三全育人视域下，为了落实"全过程育人"，高校学生管理工作应当加强学生离校后管理工作衔接。具体而言，可从加强就业前培训、做好毕业后检查两方面创新实践。

（1）加强就业前培训

很多高校在大四阶段基本上不开设专业课程，而是鼓励学生前往企业参与生产实习，了解生产流程，而高校为了保证自身就业率，将学生管理重点聚焦在学生就业、学生升学上，忽略了学生专业的创业就业能力培训，导致学生创业就业能力与市场需求或企业需求不匹配。基于此，高校学生管理为了提升学生的核心竞争力，应当在毕业前这个关键节点做好创业就业教育，针对不同专业设置不同类型课程，例如文史类专业开展公文写作培训，财经类专业鼓励学生考取职称证书，工科类学生鼓励前往生产一线参加生产实训等。

（2）做好毕业后检查

现阶段，大部分高校会与部分企业签订合作协议，将部分成绩优异、能力素质较高的学生传送到此类企业单位当中，此类企业将对学生的学习能力进行测评，完成实习后择优录用。而在此过程中，高校应当做好学生管理与监督工作，例如首先组织"校友会"，校友会成员由就业部门、毕业学生代表所组成，完成阶段性就业实习后，由毕业学生代表联系就业部门，取得实习学生的阶段性就业成果，将就业成果返回至学校，学校对学生的就业成果进行测评，对部分表现较差的学生进行跟进调查教育。

（三）全方位开展，助推三全育人多方联动

1. 加强第一课堂，筑牢三全育人城墙

在三全育人视域下，高校学生管理的第一重要任务是用好第一课堂这个教学主阵地，做好理论知识和思想认知的强化，为第二课堂、第三课堂夯实基础。在此环节，教师首先要注重立足于本课程特色，做好理论传输，其次要积极丰富理论实践形式。以通识课程为例，在教学过程中要着重加入育人要素，并积极开展以本专业为基础的特色化活动，例如文史类专业开展"中华魂"征文比赛，鼓励学生以"中华魂"为主题完成文章撰写投稿，积极践行和弘扬社会主义核心价值观，而在大学英语课程中则加入"红色文学经典译吟诵"活动，鼓励学生自选红色文学经典，节选内容完成翻译，并录制吟诵视频上传至个人平台，积极感受我国红色文化。

2. 维护第二课堂，建立三全育人平台

第二课堂是指以第一课堂为主线，除第一课堂之外由教师指导开展和学生学习生活相关的一切活动的综合。在三全育人视域下，高校学生管理第二课堂首先应当注重建设和教育方针同行的校园文化。现阶段大部分高校的校园文化建设存在"内涵空心""形式大于内容"的问题，而三全育人视域下的建设校园文化则要求通过强化思想意识，把握校园文化建设意识观念主导权，杜绝一切与教育指导方针背道而驰的思想和言论，为第二课堂教学管理营造良好的氛围环境。对于此，高校可针对性建立"高校大学生信息管理部"，对校园网以及新传媒体平台中的信息进行筛查，对于出现不合规的言论应当及时追踪 IP 地址，定位到具体人员头上，将人员下报给辅导员、专业教师，对其进行针对性教育，以此还高校学生一个良好的文化环境，发挥环境的隐性教育管理作用。

二、"三全育人"视域下高校学风管理模式创新

（一）注重师德师风建设，引导学风

高校在开展师德师风建设工作的过程中，可以针对教师制定系统化的教学评价机制，对奖励制度进行进一步的完善，发挥制度的约束力量来提高教师的教学水平；同时还可以评选出教学能力、品德素质等各方面比较优秀的教师，通过榜样作用来引导其他教师。高校可以定期组织教师开展师德师风建设活动，例如：教学水平竞赛、先进教师宣传等，端正教师的治学态度及治学方法，让教师在参与活动的过程中意识到提升自身品德和教学能力的重要性，进而不断完善自我，不断创新教学理念，提高自身的教学水平和能力，具备高水平的专业素质；除此之外，还需要提高教师的职责道德，可以设立教学目标达成考评办法，监督教师的教学任务完成状况，让教师在教学过程中落实"以人为本"的理念，将优质的教学服务提供给学生，最终实现提高教师教风的目的。

（二）构建良好校园文化，培育学风

高校精神文明的凝聚体现就是校园文化，学生在良好的校园文化氛围之下能够更好地投入到学习中，也能够形成较好的责任感，有助于学风建设管理。打造良好的学风尤为重要，在统一的学风建设工作之下，能够让高校师生凝结起来，提高高校教学质量和办学水平。所以在提高学风管理工作效率、构建良好校园文化时，可以采取下述几项措施：（1）充分发挥党建文化的引导效果。在学风管理工作中要利用党组织的力量，明确学风管理工作开展的方向，为学风管理提供坚实的基础保障；（2）突出人才培养的核心。应将提升学生素质水平摆在重要的位置，可以组织开展一系列

的活动来提高学生的主观能动性,包括:演讲竞赛、文艺活动、知识讲堂、社会公益活动等,让学生能够更好地投入到学习中,并在活动中将所学到的知识运用到实践活动中;(3)高校也可以通完善基础设施来推动学风建设、管理工作,健全的基础教学设施能够将高质量的教学服务提供给学生,学生在良好的硬件条件之下能够愉快、轻松的学习,这对学风的培育也有很大作用。

(三)提高教学效率,整顿学风

高校在"三全育人"视域下,在整顿学风的过程中,也需要从提高教学效率入手。具体可以采取以下几种措施:(1)可以对传统的人才培养模式进行改革和创新,并在此基础上推进教学改革的进一步深化,科学调整教学结构,迎合学生的心理特征及学习需求,面向学生开展针对性的教学活动;(2)需要对课程体系进行优化,可以将传统的线上教学与线下教学进行有效融合,支持学生开展便利化的学习,并实现教学体系的多层次化,让学生掌握扎实理论知识的前提下拥有较高的学习能力,促进学生的全面发展;(3)利用先进网络技术,对教学方式及手段进行创新,推进高校教学管理信息化建设的进程,通过高质量的教学管理工作来确保人才培养工作的有序开展;(4)可以通过制定教学监管制度的方式来保证教学效率,高校可以设定专项的监管组织,对教师的整体教学状况进行监督、评价,并积极地向上级进行反馈,发现并快速解决教学过程中存在的问题,推进教学工作的稳步开展。

(四)改善管理服务水平,树立学风

管理服务人员在高校学风建设、管理中也发挥着重要作用,所以高校需要针对管理服务人员制定相应的奖惩机制,并开展专项培训活、考评活动,对表现出色的管理人员予以表彰,形成良好的榜样作用,最终达到提升高校管理服务水平的目的。为了将良好的学习环境和氛围提供给学生,高校也可以设立学生学习指导小组进行设立,给予学生个性化、有价值的

指导，解决学生所遇到的学习问题，帮助学生制定学习计划，树立正确的学习目标，从而提升学生的学习兴趣。对于学生的学习管理状况，也需要进行实时性的监管，利用制度的力量来提高学生的自我约束力，端正学习态度，强化学生的考风考纪教育力度，严禁考试作弊问题的出现。

（五）发散创新思维，促进学风

促进学风建设也是高校学风管理工作的重要内容，这就需要高校对创新活动平台进行构建，为师生参与创新活动提供有力的条件，同时对奖励制度进行制定，支持高校师生都参与到科技创新活动中，激发师生的创新思维，进一步挖掘和开发师生的潜能，形成良好的创新校园氛围。高校可以围绕各学科的特征，不定期地组织不同类型的科技创新比赛活动，让师生通过竞赛的形式展现自身的能力。此外，高校也需要积极地宣传和推广学术创新活动，展览获奖的创新作品，在营造的良好的创新氛围之下，带动高校的学风建设。

作为一项系统和长期性的任务，高校在开展学风管理工作的过程中，必须要紧紧围绕"三全育人"的思想理念，结合时代发展的特征，不断创新学风管理模式，让高校师生全员都能够参与到学风建设中，从而树立科学的人才培养理念，开展高质量的教学工作，培养出综合素质较高的人才。基于"三全育人"理念的高校学风管理模式，能够通过多种有效措施来引导学风、培育学风、整顿学风、树立学风和促进学风，能够大大促进高校的发展。

参考文献

[1] 李娜，曹莲娜. 师说心语"三全育人"再出发［M］. 天津：南开大学出版社，2023.

[2] 李亚娜，梁晓倩. 三全育人背景下课程思政教学理念与实施路径研究［M］. 天津：天津社会科学院出版社，2023.

[3] 莫江平. 高校"三全育人"的理论体系与实践路径［M］. 长春：吉林人民出版社，2023.

[4] 严实，张嘉友，刘真豪. 高校劳动教育育人模式构建的基本策略研究［M］. 成都：四川大学出版社，2023.

[5] 吴文静. 高校学生管理与模式创新研究［M］. 北京：北京工业大学出版社，2023.

[6] 尹维军. 大数据时代高校管理模式的改革与发展［M］. 北京：中国原子能出版社，2023.

[7] 李佳. 高校后勤管理模式［M］. 北京：中华工商联合出版社，2023.

[8] 崔佳，武运卓. 高校学生管理基础与管理模式创新［M］. 长春：吉林大学出版社，2023.

[9] 郄昆才，任洪艳，李婷. 现代高校教育管理模式的创新研究［M］. 长春：吉林出版集团股份有限公司，2023.

[10] 程飞，邹彬. 高校学生工作管理创新模式研究［M］. 北京：北京燕山出版社，2023.

[11] 陈冬梅. 地方高校行政管理理论与创新研究［M］. 北京：北京工业大学出版社，2023.

[12] 谢学. 高校大学生管理工作与传统文化融入［M］. 北京：北京工业

大学出版社，2023.

[13] 张燕，安欣，胡均法. 现代高校教育管理与教学创新研究［M］. 天津：天津科学技术出版社；天津出版传媒集团，2023.

[14] 苏基协. 新时代高校"三全育人"理论与实践创新研究［M］. 西安：西北工业大学出版社，2022.

[15] 陈仕俊，陈军强. 润物无声风化于成三全育人的校本探索与实践［M］. 杭州：浙江工商大学出版社，2022.

[16] 吴坤埔，彭杨. 高校三全育人开展路径探索与创新［M］. 西安：西北工业大学出版社，2022.

[17] 袁东升，张成，蒋晓敏. 高校三全育人体系的创新发展研究［M］. 西安：西北工业大学出版社，2022.

[18] 焦扬. 立德树人铸魂育人复旦大学"三全育人"综合改革案例选编［M］. 上海：复旦大学出版社，2022.

[19] 张春宇. 三全育人理念下高校思政教学创新路径研究［M］. 长春：吉林大学出版社，2022.

[20] 廖成中，程晓娟，夏玉姣. 高校"三全育人"改革实践研究基于显性教育与隐性教育的融合统一［M］. 成都：四川大出版社，2022.

[21] 李晋. 高校教师队伍建设与管理模式探究［M］. 长春：吉林大学出版社，2022.

[22] 李晓辉. 高校学生事务管理工作与模式研究［M］. 天津：天津科学技术出版社，2022.

[23] 王红. 高校体育课程俱乐部模式创设与管理［M］. 天津：天津科学技术出版社，2022.

[24] 魏小芳，丁鼎. 高校体育教学管理改革与模式构建探索［M］. 长春：吉林人民出版社，2022.

[25] 赵国涛. 智慧校园视域下高校实验室管理模式创新与实践研究［M］. 沈阳：辽宁大学出版社，2022.

［26］ 温立天，李美玲，蔡忠臣. 高校学生管理模式与实践［M］. 沈阳：辽宁人民出版社，2022.

［27］ 程细平. 高校学生管理工作与管理模式创新［M］. 北京：北京工业大学出版社，2022.

［28］ 张茜. 高校学生工作模式与管理方法研究［M］. 哈尔滨：北方文艺出版社，2022.

［29］ 史建芳，张琳君. 互联网＋时代高校学生管理模式的变革与创新［M］. 北京：中国华侨出版社，2022.

［30］ 朱燕宁. 互联网＋时代高校教育管理模式改革与创新［M］. 昆明：云南人民出版社，2022.

［31］ 张恩祥，范宝祥. 潜心育人三全育人的理论与实践探讨［M］. 北京：中国政法大学出版社，2022.

［32］ 李勇，巨生良. 高校"三全育人"的体系协同与实践路径［M］. 兰州：甘肃文化出版社，2022.

［33］ 梁笑莹. 高校三全育人的理论探索与实践创新研究［M］. 北京：北京燕山出版社，2022.

［34］ 曹海燕，邹琳，秦霞. 三全育人视域下的新时代高校学生资助理论与实践［M］. 南京：东南大学出版社，2022.

［35］ 姜雅净，程丽萍. 三全育人理念下高校课程思政改革实践［M］. 上海：立信会计出版社，2021.

［36］ 杨道建. 新时代高校三全育人理论与实践［M］. 镇江：江苏大学出版社，2021.

［37］ 付瑞红. 高校"三全育人"教育体系评估及实践探索［M］. 秦皇岛：燕山大学出版社，2021.

［38］ 胡永辉，李霄翔. 外语课程"三全育人"的理论与实践研究［M］. 南京：东南大学出版社，2021.

［39］ 熊晓梅，张国臣. 育心铸才东北大学三全育人综合改革案例选编
［M］. 沈阳：东北大学出版社，2021.

［40］ 曹都国. 三全育人视域下高校思想政治工作多元协同的理论与实
践探索［M］. 上海：复旦大学出版社，2021.

［41］ 高西. 高等院校"三全育人"研究［M］. 长春：吉林出版集团股份
有限公司，2021.